Auxiliando a humanidade a encontrar a Verdade

Ramatis

O Apocalipse
Os tempos são chegados

© 2019 – Hercílio Maes

O Apocalipse – Os tempos são chegados
Ramatís / Hercílio Maes

Coletânea de textos retirados da obra
Mensagens do Astral

Todos os direitos desta edição reservados à
CONHECIMENTO EDITORIAL LTDA.
Rua Prof. Paulo Chaves, 276
CEP 13485-150 — Limeira-SP
Fone: (19) 3451-5440
www.edconhecimento.com.br
www.lojadoconhecimento.com.br
vendas@edconhecimento.com.br

Nos termos da lei que resguarda os direitos autorais, é proibida a reprodução total ou parcial, por qualquer meio — eletrônico ou mecânico, inclusive por processos xerográficos, de fotocópia e de gravação —, sem permissão, por escrito, do editor.

Organização: Mariléa de Castro
Capa e projeto gráfico: Sérgio Carvalho

ISBN 978-65-5727-031-8
2ª EDIÇÃO — 2020

• Impresso no Brasil • Presita en Brazilo

Produzido no departamento gráfico de
CONHECIMENTO EDITORIAL LTDA
grafica@edconhecimento.com.br

Dados Internacionais de Catalogação na Publicação (CIP)
(Angélica Ilacqua CRB-8/7057)

Ramatís, (Espírito)
O Apocalipse : Os tempos são chegados / Ramatís ; obra psicografada por Hercílio Maes ; [organização de Mariléa de Castro]. — Limeira, SP : 2ª edição Editora do Conhecimento, 2020.
164 p.

ISBN 978-65-5727-031-8

1. Espiritismo 2. Apocalipse 3. Profecias 4. Armagedom 5. Viagens interplanetárias I. Título II Maes, Hercílio, 1913-1993 III. Castro, Mariléa de

19-0231	CDD — 133.93

Índices para catálogos sistemático:
1. Espiritismo : Apocalipse 133.93

Ramatís

O Apocalipse
Os tempos são chegados

2ª edição – 2020

EDITORA DO CONHECIMENTO

Obras de Ramatís editadas pela **EDITORA DO CONHECIMENTO**

HERCÍLIO MAES
- A Vida no Planeta Marte e os Discos Voadores - 1955
- Mensagens do Astral - 1956
- A Vida Além da Sepultura - 1957
- A Sobrevivência do Espírito - 1958
- Fisiologia da Alma - 1959
- Mediunismo - 1960
- Mediunidade de Cura - 1963
- O Sublime Peregrino - 1964
- Elucidações do Além - 1964
- Semeando e Colhendo - 1965
- A Missão do Espiritismo - 1967
- Magia de Redenção - 1967
- A Vida Humana e o Espírito Imortal - 1970
- O Evangelho à Luz do Cosmo - 1974
- Sob a Luz do Espiritismo (Obra póstuma) - 1999

SÁVIO MENDONÇA
- O Vale dos Espíritas - 2015
- Missão Planetária - 2016
- A Derradeira Chamada - 2017
- O Sentido da Vida - 2019
- Amor - 2020

MARIA MARGARIDA LIGUORI
- Jornada de Luz
- O Homem e o Planeta Terra
- O Despertar da Consciência
- Em Busca da Luz Interior

OBRAS COLETÂNEAS:
- Ramatís uma Proposta de Luz
- Face a Face com Ramatís
- Um Jesus que Nunca Existiu
- A Origem Oculta das Doenças
- Simplesmente Hercílio
- A Missão do Esperanto
- O Objetivo Cósmico da Umbanda
- A Origem Oculta das Doenças
- O Além - Um guia de viagem
- Do Átomo ao Arcanjo
- Marte: O Futuro da Terra
- Geografia do Plano Astral

Coletâneas de textos organizadas por SIDNEI CARVALHO:
- A Ascensão do Espírito de A a Z
  - Aprendendo com Ramatís
- Ciência Oculta de A a Z
  - O véu de Ísis
- Evangelho de A a Z
  - A caminho da angelitude
- Jesus de Nazaré - O avatar do amor
- Mecanismos Cósmicos de A a Z
  - O amor do Pai
- Mediunidade de A a Z
  - O portal da Luz
- Saúde e Alimentação de A a Z
  - O amor pelos animais
- Transição Planetária de A a Z
  - A chegada da Luz
- Universalismo de A a Z
  - Um só rebanho

Sumário

Apresentação 9

As profecias de Jesus sobre a Transição Planetária
Segundo Emmanuel 13

Capítulo 1
Os tempos são chegados 15

(Capítulo 2
O Juízo final 39

Capítulo 3
A "Besta" apocalíptica 55

Capítulo 4
O astro intruso e sua influência sobre a Terra 77

Capítulo 5
Os que migrarão para um planeta inferior 96

Capítulo 6
A verticalização do eixo da Terra 116

Capítulo 7
A higienização da Terra, suas futuras riquezas e suas novas
condições de vida 128

Capítulo 8
O terceiro milênio e a nova humanidade 142

Já começou 162

Não é a ampulheta terrestre que há de determinar, especificamente, a época exata dos fatos proféticos, mas são os sinais dos tempos, previstos pelas profecias do passado, que assinalam o momento chegado. Não há afobação, na mecânica sideral, para que esses acontecimentos se realizem exatamente em vésperas do terceiro milênio ou sejam registrados à última hora, para não ultrapassarem as tradições humanas.

RAMATÍS, *Mensagens do Astral*

Apresentação

O cidadão terrestre, useiro e vezeiro em desacreditar e dar de ombros diante das previsões dramáticas dos profetas e videntes, ao longo da História humana, sistematicamente ignorou os vaticínios que o desagradavam – e que sistematicamente, também, lhe desabaram sobre a cabeça no momento ajustado pela técnica sideral. Esses desacreditados videntes do amanhã pregaram no deserto das consciências desde a velha Atlântida, onde foram desdenhados até o último momento antes do continente desaparecer sob as águas. Sodoma e Gomorra, Herculano e Pompéia, Babilônia e Jerusalém, o Império Romano, ruíram no momento aprazado, concretizando as visões dos profetas e sob o desdém das populações que os subestimaram. Cassandra, a temível vidente, era execrada pelos cidadãos troianos porque ousava anunciar o que via e haveria: a destruição de Troia, queimada até os alicerces e varrida do cenário dos homens.

O delicado processo de *sondar o amanhã* e emergir dele expondo à luz do hoje o desmoronamentos de civilizações, é mister inglório reservado a alguns corajosos representantes da classe mal remunerada dos grandes profetas ou videntes, menosprezados por hábito pelos contemporâneos a quem tais profecias desacomodam do conforto quotidiano, como insetos incômodos que insistissem em repetir a picada do alerta que a ninguém interessa ouvir...

Aqui, entretanto, o enxame é superior em credenciais: passa pelos profetas do Velho Testamento, à frente o maior deles, Isaias; segue com o autor do Apocalipse – João, o venerável vidente de Patmos, maior cronista do Fim dos Tempos; e prossegue em tempos modernos com o retorno de Isaias, agora como Nostradamus, secundado por alguns profetas menores, em diversos países e épocas, com destaque para Edgar Cayce, o ex atlante reencarnado na América do Norte, para espanto dos perplexos protestantes. A esse time de primeira grandeza foi confiada a tarefa inglória de advertir a humanidade de que um velho ciclo iria se fechar um dia e o planejamento multimilenar dos Poderes Maiores já previra desde sempre repaginar o planeta Terra e selecionar seus habitantes para um novo ciclo.

A suprema chancela para essas profecias viria do próprio Governador Planetário, quando Jesus descreve, nos capítulos 24 e 25 de Mateus, a futura transição planetária – aquela que atualmente está em curso (e o Mestre começou por uma profecia mais próxima, a destruição do templo de Jerusalém, quando afiança: "Em verdade vos digo que não ficará aqui pedra sobre pedra que não seja derribada". Sucedeu).

Deslizou a areia dos séculos na ampulheta terrestre; e justo no limiar da data prevista para o desencadear oculto do processo do Fim dos Tempos (o ano de 1950), no país previsto para ser âncora planetária na transição, e quando simbolicamente soavam as trombetas do apocalipse para se iniciar a última "meia hora de silêncio" (meio século)[1] antes dos eventos cruciais, abriu-se uma janela mediúnica para uma voz augusta vir falar à humanidade.

O grande Mestre de Samos, Pitágoras, que vem de longe acompanhando a humanidade deste planetinha como grande instrutor, em várias épocas e latitudes, volta, agora como Ramatís, correr a cortina e desvendar o átrio onde se alinham todas as profecias, aguardando o momento das engrenagens cósmicas girarem para se cumprir.

E, como sempre, a luz meridiana de sua mente vai desvelar, um a um, todos os significados ocultos da simbologia apocalíptica, com a clareza e a simplicidade com que tem ofertado aos leitores ocidentais os mais transcendentes ensina-

---

[1] Ramatís traduz o simbolismo do Apocalipse de João que refere: "E fez-se silêncio no céu por quase meia hora", em que uma hora significa um século, e meia hora o meio século de relativa quietude planetária que iria de 1950 ao final do século XX, após as duas Grandes Guerras.

mentos da Sabedoria Eterna, sem deixar nenhuma imagem dúbia, nenhum significado na penumbra. Que "tempos chegados" são esses, que surpresas nos reserva o eixo planetário ao se verticalizar (como na sibilina previsão de Nostradamus); o que simboliza a figura bizarra da Besta apocalíptica, com suas sete cabeças e dez chifres; o mistério do astro intruso, cuja imagem comparece, inexplicada, nas centúrias do vidente francês; e sobretudo, em que se constitui e como se processará a famosa seleção do joio e do trigo, anunciada por Jesus, nunca satisfatoriamente interpretada pelos comentaristas dos evangelhos. Ramatís nada deixa por explicar, e nada oculta do que é possível adiantar à humanidade do século atômico, sobre os tremendos acontecimentos que nada, nada mesmo, poderá impedir, uma vez iniciado o processo que os desencadeia - uma engrenagem oculta que é posta em movimento de acordo com um planejamento feito "antes da criação do próprio calendário humano", diz-nos ele.

Mas então por que não se materializaram totalmente todos os eventos catastróficos programados, até o final do século XX? Houve engano ou protelação do profetizado?

É o próprio Ramatís quem responde: as marcações do calendário humano são meras convenções, que não se ajustam aos mecanismos cósmicos, e são estes, exclusivamente, que materializarão os fatos proféticos. Não existe, no dizer dele, *nenhuma afobação, na mecânica sideral, para que esses acontecimentos se realizem exatamente em vésperas do terceiro milênio, de última hora*, só para se ajustarem às convenções da ampulheta terrestre. Só uma coisa é inexorável: a sua concretização, garantida pelo próprio Mestre Nazareno, com a mesma certeza com que anunciou o arrasamento do templo de Jerusalém, que se deu 70 anos após - acreditassem ou não os velho hebreus da época.

Resta-nos a esperança, que Ramatís alimenta descrevendo a nova civilização do terceiro milênio, de que neste caso, após os indesviáveis eventos apocalípticos, restará aos remanescentes algo mais do que as pedras melancólicas de um muro das lamentações sobre o qual chorarmos os escombros de nossa civilização, o egoísmo e a primariedade espiritual que até agora nos caracterizaram. Aos que sobrarem no planeta, o imenso alívio de não terem que recomeçar, nas cavernas de sílex do exílio distante, em figurinos peludos e entre pauladas e grunhidos, o curso completo da fraternidade no qual dois terços desta humanidade está sendo reprovada, diariamente. Nossos boletins são os noticiários quotidianos. Esta pequena obra representa um esforço de divulgação dos temas essenciais ligados ao processo apocalíptico, extraídos de *Mensagens do Astral*, a obra mais completa, abrangente e pioneira inconteste na dissecação dos Tempos Chegados. A ela remetemos o leitor que busque mais.

Paz a todos os seres.

Um discípulo da Grécia antiga
Médium: Mariléa de Castro

As profecias de Jesus para a Transição Planetária
Segundo Emmanuel

Depois de alguns dias de emoções suaves e carinhosas, todos os Espíritos reunidos naquela paisagem luminosa se prepararam para receber a visita do Senhor, como quando da sua divina presença na bucólica moldura da Galileia.

...

"Sim, amados meus, porque o dia chegará no qual todas as mentiras humanas hão de ser confundidas pela claridade das revelações do céu. Um sopro poderoso de verdade e vida varrerá toda a Terra, que pagará, então, à evolução de seus institutos, os mais pesados tributos de sofrimentos e de sangue... Exausto de receber **os fluidos venenosos da ignomínia e da iniquidade** de seus habitantes, o próprio planeta protestará contra a impenitência dos homens, rasgando as entranhas em dolorosos cataclismos... As impiedades terrestres formarão pesadas nuvens de dor que rebentarão, no instante oportuno, em tempestades de lágrimas na face da Terra e, então, das claridades da minha misericórdia, contemplarei meu rebanho desditoso e direito como os meus emissários: "Ó Jerusalém, Jerusalém!..."

"Mas Nosso Pai, que é a sagrada expressão de todo o amor e sabedoria, não quer se perca uma só de suas criaturas, transviadas nas tenebrosas sendas da impiedade!..."

"Trabalharemos com amor, na oficina dos séculos porvindouros, reorganizaremos todos os elementos destruídos, examinaremos detidamente todas as ruinas buscando o material passível de novo aproveitamento e, quando as instituições terrestres reajustarem a sua vida na fraternidade e no bem, na paz e na justiça, depois da seleção natural dos Espíritos e dentro das convulsões renovadoras da vida planetária, organizaremos para o mundo um novo ciclo evolutivo, consolidando, com as divinas verdades do Consolador, os progressos definitivos do homem espiritual".

A voa do Mestre parecia encher os âmbitos do próprio Infinito, como se Ele a lançasse, qual baliza divina do seu amor, no ilimitado do espaço e do tempo, no seio radioso da Eternidade.

Terminando a exposição de suas profecias augustas sua figura sublimada elevava-se nas Alturas, enquanto um oceano de luz azulada, de mistura aos sons de melodias divinas e incomparáveis, invadia aqueles domínios espirituais, com as tonalidades cariciosas das safiras terrestres".

"HÁ DOIS MIL ANOS" (PP. 351 E 354/355)
Psicografia de Chico Xavier

1.
Os tempos são chegados

PERGUNTA: — *Que pode o irmão dizer-nos sobre as afirmações, hoje tão comuns, de que "Os tempos são chegados"?*

RAMATÍS: — Posso dizer-vos que já estais vivendo essa época, anunciada pelas profecias milenárias, por João Evangelista, no Apocalipse, e, principalmente, por Jesus, na síntese simbólica que nos legou em seu Evangelho. No entanto, os sinais insólitos, que aparecerem nos céus ou na Terra, não representam milagres ou perturbação das leis imutáveis do Criador, mas eventos científicos ou estranhos ao orbe,[1] sem derrogarem os princípios divinos, na época denominada "fim dos tempos".

PERGUNTA: — *Como interpretarmos o conceito de "tempos chegados"?*

RAMATÍS: — Trata-se de ciclos periódicos, previstos pelos mentores siderais, bilhões de anos antes do vosso calendário, reguladores de modificações planetárias que se sucederão em concomitância com alterações que também deverão ocorrer com os habitantes do vosso orbe. São "fins de tempos" que, além das seleções previstas para as humanidades físicas ou para os desencarnados adjacentes aos respectivos orbes, requerem, também, a limpeza psíquica do ambiente, a fim de que

---
[1] Ramatís refere-se aos foguetes teleguiados, satélites e demais engenhos lançados pelos russos e americanos, inclusive, também às aeronaves interplanetárias conhecidas como "discos voadores". São os estranhos sinais que não desmentem as leis do mundo, mas coincidem com a profecia do "fim dos tempos".

seja neles eliminado o conteúdo mental denegrido das paixões descontroladas.

PERGUNTA: — *Quais as características fundamentais que denunciam o início desses períodos denominados "fins de tempos"?*

RAMATÍS: —São as consequências nefastas dos desregramentos humanos e que ameaçam dominar toda a humanidade. O magnetismo inferior, gerado pelo atavismo da carne e pelos pensamentos dissolutos, recrudesce e se expande, formando ambiente perigoso para a existência humana disciplinada. São épocas em que se observa verdadeira fadiga espiritual; em que domina o desleixo para com os valores das zonas mais altas da vida cósmica. As energias primitivas, saturando o "habitat", aumentam a invigilância, e o gosto se perverte; escapam aqueles que vivem, realmente, os postulados do Evangelho à luz do dia. Em consequência disso, as auras dos orbes também se saturam, até às suas fronteiras "astroetéreas" com outros planetas, surgindo então as más influências astrológicas, que os astrônomos terrícolas tanto subestimam. Forma-se intenso oceano de forças magnéticas agressivas e sensuais, que se expandem e convergem num círculo vicioso cada vez mais perigoso à integridade espiritual daqueles que são devotados às coisas superiores. O mais débil pensamento licencioso encontra, então, farto alimento para se avantajar e influir melhor nos cérebros ávidos de sensações inferiores. O deletério conteúdo magnético do ambiente instiga às piores sensações, fazendo predominar o egocentrismo do mundo animal inferior; há insidioso e voluptuoso convite no ar e, em consequência, os seres obedecem facilmente a um comando pervertido, que os impele para os prazeres animalescos. Predomina a influência satânica e aumenta o gosto pelas sensações brutais e licenciosas; o clima físico torna-se campo propício para a sugestão perversa e destrutiva das forças das trevas. O denso lençol de magnetismo perigoso transforma-se em excelente campo de ação para as coletividades das sombras, que assim materializam os seus objetivos daninhos. Aceleram-se os conflitos entre os homens, e as guerras se transformam em pavorosos matadouros científicos; desenrolam-se acontecimentos espantosos, registram-se crimes indescritíveis e criam-se taras perigosas. Afrouxam-se os próprios liames do sentimento, que ainda permitiam a mínima moral possível!

PERGUNTA: — Mas esses "fins de tempos" devem constituir-se, propositadamente, de guerras, corrupções, alucinações e desesperos?

RAMATÍS: — Os construtores siderais, que criam os mundos sob a direção técnica da suprema lei, conhecem e prevêem, perfeitamente, as épocas psicológicas em que devem ocorrer os desregramentos periódicos de cada agrupamento espiritual reencarnado. Em consequência, as modificações físicas dos planetas se ajustam, hermeticamente, às purificações e retificações de suas humanidades, quando elas tendem para a insânia coletiva. Esse genial ajuste, previsto com incontável antecedência, tanto beneficia o orbe, que assim melhora o seu coeficiente físico e a sua posição planetária, como favorece aos seus moradores, que são então selecionados para uma existência mais harmônica. Lembra uma casa comercial às portas da falência, quando a lei jurídica intervém, para evitar maiores prejuízos ao patrimônio coletivo.

Não penseis que os "fins de tempos" devam chegar precedidos da "encomenda" de guerras, crimes, aviltamentos coletivos; esses acontecimentos apenas eclodem em momento psicológico, e habilmente controlados pelo comando superior! Os acontecimentos é que indicam o momento da eclosão, que se faz em sincronia com as modificações do mundo físico. A massa mental deletéria, que então se acumula — podendo chamar-se "cisco magnético" — sobre a crosta dos mundos físicos, tem que ser eliminada com certa urgência antes que se consolidem a desarmonia e a enfermidade psíquica coletiva.

PERGUNTA: — Que ideia podemos fazer dessa enfermidade psíquica e coletiva" entre os reencarnados?

RAMATÍS: — Assim como o bacilo de Koch não é criação da tuberculose, mas resulta do clima psíquico doentio, que produz uma espécie de "húmus mental", capaz de densificar o campo nutritivo para o micróbio se materializar, na sua ansiedade de viver, o psiquismo coletivo e desregrado da humanidade também produz uma atmosfera "vital-deletéria", em torno do seu globo, que serve de excelente alimento psíquico para que as coletividades famélicas, dos espíritos das trevas, encontrem ponto de apoio para o intercâmbio das energias pervertidas.

O médico terrícola assinala, na técnica terrena, a proliferação dos bacilos de Koch, que encontraram a nutrição favorável para aumentar a sua progênie; os mentores siderais prevêem, no cientificismo cósmico das trocas planetárias, a proliferação patológica dos espíritos daninhos que se desenvolvem no terreno mental desregrado da humanidade, em tempo profetizado.

O astral dos mundos contaminados pelas impurezas mentais dos seus habitantes transforma-se em contínua fonte alimentícia das expressões inferiores, como as larvas, miasmas, elementais e formas horrendas, além de invisíveis colônias de bacilos psíquicos, que se angustiam para se materializar no meio físico. Essas forças microgênicas, deletérias, tornam-se um elo-vivo, um traço-de-união entre o mundo imponderável, do astral, e o mundo objetivo da matéria. Com o auxílio dessas forças, as entidades nas sombras podem operar com êxito, ajustando-se e encontrando sintonia na mente dos reencarnados; apossam-se do pensamento humano, pouco a pouco, compelindo-o aos mais devassos misteres e às mais cruéis hostilidades.

O ambiente mefítico torna-se excelente veículo para eles; idealizam e concretizam diabólicos festins de dores e de sensações lúbricas; mesmo os espíritos mais fortes não resistem, por vezes, às exaustivas provocações e seduções que lhes endereçam os adversários desregrados do Além! Enfermam, até, nesse desequilíbrio coletivo, sob as forças tenazes e satânicas, que anulam os pedidos de socorro aos céus!

Assim como os quadros mórbidos da tuberculose vão afetando o organismo do doente, pela multiplicação dos bacilos, a grande quantidade de almas endurecidas, que se debruçam e se alimentam sobre o vosso mundo, também vos pode prejudicar coletivamente, criando um panorama de enfermidades perigosas para a integridade do organismo moral e espiritual da Terra.

PERGUNTA: — Se examinarmos o passado, verificaremos uma multiplicidade de fatos e de desregramentos humanos, tais como guerras, corrupções e aviltamentos, como ocorreram na própria Roma, que comandava a civilização do mundo, sem que isso indique terem sido consequentes de "fins de tempos". Que nos dizeis?

RAMATÍS: — É necessário notardes que esses acontecimentos desregrados comprovam que se processou naquela época a intervenção corretiva do Alto, espécie de "castigo para os pecadores", expressão muito familiar na linguagem sacerdotal humana. Roma resgatou os seus desregramentos sob as hostes dos bárbaros de Átila, lembrando a terapêutica das vacinas; os romanos sofreram o corretivo das mesmas paixões orgíacas que haviam feito desencadear nos seus desregramentos coletivos!

Sodoma e Gomorra, destruídas devido à impudicícia dos seus habitantes, dão provas de intervenção espiritual; Herculano e Pompéia, sufocadas pelo Vesúvio, desapareceram no auge da devassidão, que se tornava já perigosa à integridade dos povos vizinhos. Comumente os vossos jornais noticiam terríveis tragédias coletivas, em que se destroem aldeias e se mutilam regiões prósperas, fazendo sucumbir multidões indefesas. Muitas vezes trata-se de decisão formal dos mentores desses povos, que assim procedem para melhor salvá-los do franco desregramento. Mas seria ilógico que considerásseis esses fatos calamitosos e imprevistos, que vos citamos, como sendo os prólogos dos "fins de tempos" a que se referem as profecias, pois não passaram de acontecimentos locais e não de ordem planetária.

PERGUNTA: — Concordamos convosco, mas ficamos confusos ao pensar que fatos semelhantes, ocorrendo atualmente, devam indicar que "os tempos chegaram". Se não fizeram provas, no passado, de serem acontecimentos pro-

fetizados, devem porventura ser assim considerados agora?

RAMATÍS: — As catástrofes de Sodoma, Gomorra e Babilônia — como já vos dissemos — foram acontecimentos de ordem local, porque os seus conteúdos psíquicos, deletérios, já ameaçavam perturbar os povos vizinhos, que não mereciam a saturação perniciosa do seu ambiente. No entanto, como já afirmara o próprio Jesus, os sucessos de "fins de tempos", que vos citamos, seriam de caráter mundial; deverão atingir, portanto, todo o globo e toda a vossa humanidade. É certo que determinadas nações, embora participando ativamente dos acontecimentos profetizados e sofrendo prejuízos inerentes aos povos mais infelizes, não serão chamadas a provas tão acerbas.

Em um caso, é uma cidade (ou povo dissoluto) que fica impedida da continuidade nociva para com o resto do ambiente; em outro caso, é a humanidade terrícola que, desinteressada dos prejuízos futuros, deixa-se contaminar pelo magnetismo voluptuoso e agressivo, que já lhe satura toda a aura do orbe. A Terra terá de suportar, em condições ampliadas, as consequências já suportadas pelos agrupamentos licenciosos marcados pela direção divina. À medida que se sucederem os vossos anos, podereis verificar que os fatos trágicos, locais, irão se reproduzindo aos poucos em todas as latitudes terráqueas, na eclosão disciplinada da preliminar para o evento final dos "tempos chegados".

PERGUNTA: — Por que motivo se descreve sempre essa "chegada dos tempos", profetizando-se um cortejo de dores, de desesperos e de calamidade? Os profetas primam em dar relevo, sempre, às situações dantescas, e isso parece criar certa morbidez em nossos espíritos já apreensivos. Que nos dizeis?

RAMATÍS: — A vossa pergunta lembra a providência do médico que finge ignorar a existência da gangrena do paciente, apenas para não assustá-lo... A semeadura é livre, mas a colheita é obrigatória — são os conceitos sobejamente provados no decorrer das vossas múltiplas encarnações. Como quereríeis colher morangos provenientes de sementes de espinheiro que lançásseis alhures, na invigilância espiritual? E por que motivo temeis esses acontecimentos e os considerais dantescos, a ponto de os qualificardes como morbidez profética, se vos bastaria a integração incondicional com o Evangelho de Jesus, para que vos imunizásseis contra os corretivos determinados pela lei suprema? Jesus foi muitíssimo claro, quando disse que no "fim dos tempos" seriam separados os lobos das ovelhas e o trigo do joio. Cumpre-vos escolher, pois, na figura empregada pelo Mestre, a posição que vos aprouver, na aproximação da hora profética!

PERGUNTA: — Supomos que muita gente poderá sofrer as consequências totais desses "fins de tempos", sem que haja semeado tanto espinheiro! Não é assim?

RAMATÍS: — Não houve desleixo nem confusão na determinação das reencarnações a se realizarem no vosso orbe! Os espíritos que estão isentos da grande prova e livres da próxima seleção espiritual não foram mandados para a Terra, nem estão atuando em faixas vibratórias de baixa frequência planetária, como a em que ainda vos situais. Sucede, também, que muitos de vós vos libertareis, em tempo, das provas acerbas, e outros serão transferidos para locais de menor perigo. Acresce, ainda, que os acontecimentos se processarão lentamente, como ocorre agora, tanto que apenas alguns estudiosos estão observando as primeiras anormalidades.

PERGUNTA: — Os profetas bíblicos terão indicado quais os espíritos que, pelo tipo psíquico, possam merecer o sofrimento predito para este século?

RAMATÍS: — Os espíritos atingidos pelas medidas seletivas da lei do progresso espiritual são aqueles que João Evangelista indica claramente no livro do Apocalipse "os tímidos, os incrédulos, os abomináveis, os homicidas, os sensuais, os feiticeiros, os idólatras, os mentirosos, cuja parte será no tanque ardente de fogo e enxofre, que é a segunda morte". (Apocalipse, 21:8). Deveis ter notado que as lendas infernais sempre designam o inferno como um local onde o enxofre sufoca e traz o odor característico de Satã. O profeta alude simbolicamente às condições angustiosas nos charcos repugnantes do Além, onde irão debater-se todos os que forem candidatos ao "ranger de dentes". O apóstolo Paulo, em sua segunda epístola a Timóteo, põe em relevo a angústia desses dias finais, quando adverte:(II Timóteo, 3:1) "... nos últimos dias sobrevirão tempos perigosos" e, na segunda epístola aos Tessalonicenses, diz: "para que sejam condenados todos os que não deram crédito à verdade, mas assentiram à iniquidade" (II Tessalonicences, 2:12).

PERGUNTA: — O nosso globo desaparecerá do Cosmo, nesse fim de mundo?
RAMATÍS: — Oh! Por favor, não subestimeis tanto a obra do Pai! A Terra ainda é um planeta jovem, que mal se prepara para os admiráveis eventos do futuro, quando oferecerá as mesmas alegrias de Marte, de Júpiter e de Saturno, que atualmente são júbilos para suas humanidades! O "fim de mundo" profetizado refere-se tão-somente ao fim da humanidade anti-cristã; será uma seleção em que se destaquem os da "direita" e os da "esquerda" do Cristo. Trata-se de promoção da Terra e de sua humanidade; lembra um severo exame que, para os alunos relapsos e ociosos, representa terrível calamidade! Mas de modo algum a vossa morada planetária sairá do rodopio em torno do Sol, onde também constitui importante âncora do sistema. Após a operação cósmica, que lhe será de excelente benefício para a estrutura geofísica, deverá possuir maior equilíbrio, melhor circulação vital-energética na distribuição harmônica das correntes magnéticas, além de oferecer um ambiente psíquico já higienizado.

Mesmo depois que o vosso orbe já estiver desabitado e houver cumprido a sua missão educativa no Cosmo, ainda circulará em torno do Sol, qual nave cansada à espera do derradeiro piloto para conduzi-la ao porto final! Na figura de um esplêndido viveiro de "consciências espirituais", que em sua massa planetária se espalharam, vindas da consciência cósmica, a Terra vos doará as túnicas resplandecentes de futuros prepostos do Pai, destinados a cooperar na obra divina! Assim nos diz a pedagogia sideral, que há muito conhecemos. Os vossos destinos angélicos já estão sendo determinados no seio bondoso do orbe terráqueo!

PERGUNTA: — Afirmam certos estudiosos do assunto que, por diversas vezes, o povo se afligiu na suposição do "fim do mundo", ante trágicos acontecimentos que pareciam combinar com as conhecidas profecias; no entanto, tratava-se sempre de rebate falso!... Será que, agora, estamos realmente beirando esse acontecimento tantas vezes ilusório?

RAMATÍS: — É Jesus quem responde à vossa pergunta pelo Evangelho de São Mateus: — "Porque ouvireis falar de guerras e de rumores de guerras; olhai; não vos perturbeis, porque importa que estas coisas aconteçam, mas **não é ainda** o fim". Alhures, o Mestre acrescenta: — "Levantar-se-á nação contra nação e reino contra reino, e haverá pestilências, fome, terremotos em todos os lugares. E todas estas coisas serão **princípio** das dores".[2]

Consequentemente, os acontecimentos alarmantes devem ser dignos de muita atenção porque, embora incompreendidos, por não terem constituído os próprios eventos trágicos do "fim do mundo" anticristão, vos advertiram de que se trata do "princípio das dores".

PERGUNTA: — Podemos supor que Jesus tenha predito que o "fim do mundo" seria realmente na época que atravessamos?

RAMATÍS: — Jesus foi claríssimo ao predizer o caráter do ambiente psicológico que identificaria a hora dos "tempos chegados", e nos deu verdadeiras senhas que nos permitem localizar a sua época. E ainda reforçou as suas afirmativas quando nos assegurou: — "... passarão o céu e a terra, mas as minhas palavras não passarão". Referindo-se aos sucessos cósmicos, os quais não se regem pelo calendário humano, pois que estão fora do "espaço" e do "tempo" da concepção humana, ele acrescentou: — "Quanto ao dia e à hora, ninguém sabe, mas unicamente o Pai". Prevendo a tradicional desconfiança do habitante terráqueo, o Divino Cordeiro predisse: — "E aquele que tiver olhos de ver que veja pois muitos homens têm olhos mas são piores que os cegos!" Como corolário às suas exor-

---
2 Mateus, 24:6,7,8.

tações, para que melhor pudéssemos notar um sinal geral em todo o globo, nas proximidades desses tempos trágicos, aduziu: "E será pregado este Evangelho do reino por todo o mundo, em testemunho a todas as gentes, e então chegará o fim". Indubitavelmente, nunca se registrou em vosso mundo tanta febre de evangelização como agora, embora grasse a corrupção e as paixões façam a sua eclosão assustadora. Sentindo que a hora se aproxima, o homem religioso — temeroso dos acontecimentos — apressa-se na distribuição, a mão-cheia, de bíblias de todos os tipos e em todas as línguas, que surgem como cogumelos em dias de chuva! O biblismo — até por aqueles que faziam restrições à leitura da Bíblia por parte do povo — é um fenômeno psicológico na vossa época, e revela perfeitamente que o Evangelho está sendo pregado em todo o mundo e a todas as gentes, como profetizou o meigo nazareno.

Atualmente, o vosso mundo é um viveiro de profetas e de criadores de novos credos, doutrinas e movimentos fraternistas; há verdadeira aflição para se consolidarem campanhas de aproximação entre os seres e as religiões. Todos os que se sentem tocados pelo "pressentimento" de que estão no limiar dos "grandes acontecimentos" deixam-se tomar por estranho misticismo e ansiedade de "salvação" do próximo! Há, nesse sentido, uma tendência eclética no ar e, como reais sinais dos tempos, misturam-se falsos e verdadeiros profetas, lobos e ovelhas, trigo e joio!... Fermentam-se ideias velhas com ideias novas; digladiam-se velhos pensadores com os novos missionários que surgem de todos os quadrantes do planeta. Os conceitos de "universalismo", dos novos, entram em conflito com o "divisionismo" professado pelos tradicionalistas das revelações conservadoras!

Podeis notar que se afrouxam as barreiras entre as minorias religiosas, que se estão ligando pouco a pouco aos movimentos ecléticos mais ousados, no campo do espiritualismo absorvente dos simpáticos à lei da reencarnação. A iminência de uma catástrofe, latente, no âmago do espírito reencarnado, vai unindo e afinizando os homens, assim como a perspectiva de um naufrágio irmana todos os componentes da mesma embarcação. Enquanto os fracos de espírito mais se entregam à volúpia do gozo insano, os que são tocados pela voz interior se buscam e se adivinham, unindo-se como que para o derradeiro sustentáculo fraterno, no limiar da hora profética. O "faro" espiritual da vossa humanidade já assinala a proximidade dos acontecimentos que estão eclodindo na penumbra do vosso orbe! Poucos hão de perceber que nas palavras de Jesus "E o Evangelho será pregado a todas as gentes"[3] manifesta-se a magnânima bondade do Pai, que ainda possibilitará a todos a oportunidade de rápida regeneração sob o evento da hecatombe planetária e na seleção do joio e do trigo.

PERGUNTA: — Podeis dizer-nos, ainda, algo que lembre a coincidência entre a época dos "tempos são chegados" e os acontecimentos atuais?

RAMATÍS: — Dizem as profecias (em ligeiro resumo): Quando os pássaros de aço deitarem ovos de fogo; quando os homens dominarem os ares e cruzarem o fundo dos mares; quando os mortos ressuscitarem; quando descer fogo dos céus e os homens do campo não puderem alcançar a cidade e os das cidades não puderem fugir para os campos; quando estranhos sinais se fizerem no céu e coisas extravagantes forem vistas da Terra; quando crianças, moços e velhos tiverem visões, premonições, e fizerem profecias; quando os homens se dividirem em nome do Cristo; quando a fome, a sede, a miséria, a doença e as ossadas substituírem as populações das cidades; quando irmãos de sangue se matarem e as criaturas adorarem a "besta", então os tempos estarão chegados.

É evidente que tudo isso já se está realizando no vosso mundo e na época em que viveis; se não, em rápida síntese poderemos vos comprovar a realidade de nossa afirmação: — os pássaros de aço sao os aviões, que despejam bombas incendiárias nos campos dos adversários e nas cidades inimigas; os homens dominam os ares até à estratosfera, e os submarinos cruzam o fundo dos mares; os mortos ressuscitam todos os dias, na figura de espíritos, materializando-se em labores espíritas ou comunicando-se através de médiuns especializados; nós

---
3 Mateus, 24:14

mesmos somos desses que vos visitam do túmulo! O "fogo" já tem descido dos céus, na forma de gigantescos cogumelos produzidos pelas bombas atômicas e, quando experimentadas essas bombas nas cidades asiáticas, os habitantes dessas cidades não puderam fugir para os campos e os dos campos não conseguiram alcançar as cidades, ante a violência mortífera do terrível engenho! Isso esclareceu o simbolismo do "desespero", narrado no Apocalipse de João Evangelista. Em determinados períodos aparecem-vos no céu estranhos sinais que se movem em todos os sentidos, a que chamais "discos voadores". As crianças, jovens e velhos, sob a ação das faculdades mediúnicas, tornam-se reveladores de visões: ouvem, vêem ou sentem os espíritos e predizem acontecimentos cotidianos. As seitas religiosas surgem com a prodigalidade dos fungos e, paradoxalmente, baseadas nas mesmas fontes bíblicas, cada vez mais se separam e se distanciam, no conflito humano das interpretações pessoais! A desordem, a fome, o medo, a angústia, a miséria avolumam-se em vosso mundo. Trucidam-se esposos e esposas; agridem-se filhos e pais; matam-se entre si irmãos consanguíneos; estranhas criaturas praticam crimes abomináveis, revelando a existência da "besta" em seu coração! As ossadas, nos campos de concentração da última guerra, substituíram cidades desertas, cujos habitantes foram assassinados pela fúria da "besta humana". A vossa medicina esgota-se para debelar a multiplicidade de doenças inexplicáveis, de terminologia brilhante, mas incuráveis; estranhas epidemias eclodem bruscamente, e vírus desconhecidos teimam em semear novos surtos patológicos, substituindo continuamente as enfermidades que são vencidas!

Eis um panorama resumido do que foi profetizado, com exclusão de múltiplos outros aspectos que a exiguidade destas comunicações não permite apresentar. O próprio fenômeno da mediunidade, que se apresenta, com espanto geral, em todos os lares, agremiações religiosas ou agrupamentos doutrinários, despertando seres que se põem a falar ou transmitir mensagens de espíritos desencarnados, é mais uma prova insofismável da veracidade da profecia de Joel, citada no livro de Atos dos Apóstolos, "E quando os tempos chegarem, vossos filhos e filhas profetizarão" (Atos, 2:17).

PERGUNTA: — Achamos que esse "fim de mundo" é demasiado aterrorizador e algo incompatível com a proverbial bondade de Deus. Talvez os apóstolos ou os compiladores e tradutores dos Evangelhos hajam exagerado a dramaticidade desses acontecimentos. Que podeis dizer-nos a respeito?

RAMATÍS: — Para responder-vos, novamente recorremos a Jesus, de quem não podemos duvidar, pois assim como profetizou o que acontecerá na era que se aproxima, previu também o arrasamento do templo de Jerusalém, a traição de Judas, a negação de Pedro, a sua própria ressurreição e a confusão que os homens fariam com os seus ensinos, no futuro, o que se realizou integralmente.

Esses acontecimentos trágicos não serão produto de uma súbita intervenção de Deus, mas uma consequência natural da transgressão das leis imutáveis que disciplinam o movimento dos orbes e as suas integrações em ritmos siderais mais evolutivos. Resulta então, daí — como vos ditamos há pouco — perfeita sincronização entre o evento "físico-planetário" e a sua humanidade, que faz jus à aplicação da lei de que "quem com ferro fere com ferro será ferido". Esse fim de mundo é um insignificante acontecimento no ínfimo grão de areia que é o vosso globo, nada tendo de incompatível com a bondade de Deus, que criou o Cosmo para o efeito de perfeita harmonia e beleza planetária! Assim como o acontecimento com Sodoma significa, para o vosso orbe, um fato local, o "fim de tempo" da Terra é, também, um fugaz acontecimento "local" no Cosmo, determinado pela lei suprema da harmonia moral do Todo. É justo que, infringindo as leis que incessantemente são lembradas pelos profetas e instrutores espirituais, tenhais que sofrer as sançoes que elas especificam para os infratores. As leis do tráfego, no vosso mundo, estão resumidas nas tabuletas que marginam as estradas e que advertem os condutores do veículos quanto às suas responsabilidades; acaso considerais injustiça o fato de serem as vossas infrações a essas leis punidas pelas autoridades constituídas? Deus também estabeleceu e anunciou princípios imutáveis, que disciplinam o ritmo ascen-

O Apocalipse – Os tempos são chegados

sional da vida em todas as latitudes cósmicas. Esses princípios, quando transgredidos pelo homem, criam-lhe sanções naturais, assim como a lei de causticidade do fogo faz queimar a mão imprudente, e o princípio corrosivo do ácido corrói o estômago do leviano que o ingere. Entretanto, o fogo, em si, não é um mal, porque de sua natureza comburente podeis aproveitar o que é útil para vossa existência atribulada, assim como do ácido colheis apreciável benefício para a química do vosso mundo!

Nessa conformidade, a dramaticidade do "fim de mundo" há de ser correspondente à soma total das infrações cometidas pela vossa humanidade no tráfego ascensional do espírito para a perfeição. Nesse caso não está em foco a bondade nem tão pouco uma suposta perversidade do Pai, porém a infração à lei.

PERGUNTA: — *Mesmo os que se arrependerem ou regenerarem à última hora sofrerão os efeitos dolorosos dos próximos acontecimentos? Ou serão imediatamente afastados do teatro de operações?*

RAMATÍS: — A massa passível de provação não poderá ser premiada "ex-abrupto", em consequência de adesão de última hora aos postulados do Evangelho. Cada alma tem que ser a tecelã de sua própria libertação espiritual. As condições energéticas que ela cria em si mesma, despertando-lhe os valores mais altos, é que realmente a conduzem para a "direita" ou para a "esquerda" do Cristo. Que adiantaria conceder autorização ao pássaro, para voar, se as suas asas ainda não houvessem crescido? Essa regeneração de última hora, a que aludis, já vos indica que o espírito se regenerou subitamente devido ao medo, à angústia, ou porque comprovou a realidade do "fim do mundo"... Pouco mérito terá, pois, para que seja afastado dos acontecimentos catastróficos. Se realmente estiver arrependido e regenerado, há que provar, à luz dos acontecimentos acerbos, a sua nova fé e a sua nova disposição espiritual. Uma renovação nessas condições mereceria a resposta que Jesus deu a Tomé: "Tu creste, Tomé, porque me viste; bem-aventurados os que não viram e creram". Bem-aventurados também — diremos nós — aqueles que se evangelizarem antes de precisarem colocar os dedos nas brasas dos acontecimentos profetizados para o fim dos tempos!

PERGUNTA: — E não poderá acontecer que se encontrem na Terra almas santificadas, ou missionárias, que venham a sofrer indevidamente, nesses acontecimentos trágicos, visto não merecerem essas provas?

RAMATÍS: — Inúmeros espíritos, isentos realmente da necessidade de sofrimento, hão de sofrer em sua delicada sensibilidade psíquica as consequências das catástrofes ou do desespero dos demais seres humanos. Muitos deles, que ainda são jovens ou crianças, e outros que se aprestam para a descida à carne, deverão sofrer muito, no turbilhão de angústias futuras, sem que nada tenham a ver com elas.

PERGUNTA: — E não será isso uma injustiça dos mentores da Terra?

RAMATÍS: — Considerais injustiça a voluntária descida de Jesus ao vosso mundo, a fim de salvar o homem terreno das algemas do instinto inferior? Esses espíritos eleitos, superiores às provas purificadoras do vosso mundo — muitos dos quais já operam em vossas instituições espiritualistas e se destacam como devotados servidores do próximo — pertencem à falange do Cordeiro e aceitaram, em sã consciência, a tarefa dolorosa de socorrerem o terrícola desesperado, na hora grave do seu doloroso exame espiritual. Eles estarão convosco nos instantes acerbos; estender-vos-ão os braços amigos e mitigarão a vossa angústia de esperança e de alívio. Esquecerão as suas próprias dores, como imperativo do meio a que se sacrificam, para apenas se preocuparem com as vossas aflições. No Espaço conhecemo-los comumente, sob a designação genérica de "Peregrinos do Sacrifício". São almas que ainda evocam na sua retina espiritual as terríveis angústias que também sofreram, alhures, em situações similares ao próximo julgamento final.

PERGUNTA: — Há quem assegure a inutilidade de vossas comunicações proféticas sobre o "fim do mundo" ou o "Juízo Final", considerando-as como repetições das antigas *exprobrações dos profetas, tão repletas de ameaças celestes. Outros há que são de parecer que o homem evolui por processo gradual até à maturidade espiritual, sem necessidade dos vulgares recursos indicados nas vossas mensagens sobre "tempos chegados". Qual a vossa opinião a respeito?*

RAMATÍS: — Examinando o que tem acontecido durante dois milênios após o advento sacrificial de Jesus, concluímos, pesarosamente, que, afora os esforços heróicos de alguns de seus fiéis discípulos e o holocausto dos cristãos nos circos romanos, essa "gradual maturidade espiritual" tem deixado muito a desejar, e o fenômeno de tal maturidade inverteu-se, até, em verdadeira **imaturidade**, ante a grande soma de iniquidades que a vossa humanidade tem praticado, mesmo à sombra amiga do Evangelho! Os cruzados cravavam as suas espadas nos corações dos infiéis, ao mesmo tempo em que em seus peitos ostentavam rutilantes crucifixos; os católicos franceses matavam os huguenotes, na sangrenta Noite de São Bartolomeu, aos gritos de "viva Jesus!"; os inquisidores entoavam hosanas ao Cristo, enquanto assavam nas fogueiras impiedosas os corpos já torturados dos seus adversários religiosos; os protestantes, intransigentes e fanáticos, matavam nas terras do Novo-Mundo os companheiros liberais que divergiam no sistema de culto a Jesus! E apesar da atual "maturidade espiritual", que já deveria ter modificado o âmago dos vossos corações, ainda continua a separação religiosa e a hostilização pública entre cristãos: os católicos pelos púlpitos das igrejas, os protestantes pelas tribunas dos templos, os espíritas pelos jornais ou pelas tribunas dos centros; os umbandistas pelos seus terreiros e os fraternistas em suas lojas!

A automática "maturidade espiritual" não vos livra das "cartas abertas", dos apodos públicos, dos "pontos de vista" antifraternos, das censuras sob mil aspectos aristocráticos ou sofismas doutrinários. Procura-se chegar, a todo custo, aos "fins" evangélicos através dos contundentes "meios" humanos!

Indubitavelmente, se a Divindade vos deixar entregues às vossas próprias direções "internas", embora já estejais de posse do roteiro de Jesus, terminareis enclausurados nos vossos próprios ambientes sectaristas, usufruindo a deliciosa angelitude daquilo que só a vós é exclusivamente simpático. Na impossibilidade de estabelecerdes entre vós a concórdia, a tolerância fraterna, ainda que apenas entre os próprios cultores do mesmo credo ou doutrina religiosa, confiemos em que essa maturidade espiritual seja alcançada, realmente, nos próximos acontecimentos pungentes de "fim de mundo" ou de "Juízo Final", quando a dor coletiva, em todas as latitudes geográficas, há de juntar as ovelhas dispersas e reuni-las sob o cajado sublime do Pastor Jesus!

PERGUNTA: — *Há quem atribua às vossas mensagens a revelação da existência de um Deus de pouca autoridade, que precisa lançar mão de recursos violentos a fim de poder disciplinar os seus filhos mal-educados, ressaltando que assim se enfraquece a disciplina do Carma, que se transforma em ajuste individual ou determinismo imposto bruscamente pelo Criador. Que podeis dizer a respeito?*

RAMATÍS: — Se examinásseis o vosso passado, todas as vossas imprudências e rebeldia para com os princípios estabelecidos pelo Cristo, cremos que consideraríeis ainda demasiadamente benignas as medidas compulsórias que o Pai estabeleceu para promover a vossa recuperação ascensional. Deus não cria situações penosas, nem determina acontecimentos funestos para conseguir a educação dos seus filhos transviados, como se lhe faltasse para isso o senso pedagógico. A vossa ascensão espiritual é um detalhe mínimo na execução do "Grande Plano Sideral", que compreende uma "respiração divina" completa, designada pelos orientais como a "Noite de Brama" e o "Dia de Brama", ou "Manvantara". Sob a disciplina da "lei única", que rege todo o desenvolvimento desse "Grande Plano", agem todas as leis menores, que chegam a atuar mesmo no seio da "probabilidade de onda", que se manifesta no circuito de um elétron!

Na vossa pequenez espiritual, considerais as vossas desarmonias e imperfeições individuais como desequilíbrios provenientes de insuficiência do poder de Deus e consequente mobilização de recursos lúgubres, de sua parte. O determinismo imposto pelo Criador consiste nesse "Grande Plano",

O Apocalipse – Os tempos são chegados   31

que abrange, em cada fase, toda a criação do Cosmo. Nesse determinismo divino, o vosso orbe significa menos que um grão de areia do dorso do Himalaia, a se mover ao impulso do vento das paixões humanas! É exatamente o carma que citais que vos conduz implacavelmente aos próximos acontecimentos de amargurado "fim de mundo". Se o não fosse, estaríeis habitando Marte, Júpiter ou Saturno!... E isto deveis, não à insuficiência da sabedoria de Deus, mas à vossa própria insuficiência espiritual, filha da vossa incúria e negligência.

PERGUNTA: — *Consequentemente, os tempos que chegam, anunciados pelas profecias, já foram determinados de há muito?*

RAMATÍS: — É claro que as profecias só podem ser baseadas em fatos que já estão previstos e determinados infalivelmente; os profetas não criam acontecimentos sob a sua imaginação, num determinismo todo pessoal; eles apenas os preveem na sua rota infalível e nos seus objetivos implacáveis. A Terra, como já vos descrevemos, é o produto de um plano que foi elaborado há bilhões ou sextilhões de anos do vosso calendário e constitui mero detalhe, aliás insignificante, na execução do sistema de sóis e planetas que compõem as galáxias assinaladas pelos vossos cientistas. Os Engenheiros Siderais previram-lhe todos os desvios e modificações de eixo e de órbita e os seus necessários ajustes a cada movimento na pulsação do sistema solar. Outros cooperadores siderais anotaram-lhe as transformações geológicas e climáticas, as épocas de repouso e de atividades da matéria planetária.

A vida sempre se reorganiza novamente, após as grandes comoções do orbe, a fim de se apresentarem novas oportunidades, mais eficazes, para o adiantamento das almas, que também pressentem a proximidade dos eventos importantes.

Todas as excitações magnéticas e influências astronômicas e astrológicas, inclusive a carga humana que o vosso orbe deverá transportar como comboio evolucionário, em torno do Sol, já foram objeto de estudos e estão habilmente previstas no plano dos instrutores siderais, cujo conhecimento ultrapassa o mais genial pensamento humano. Nenhuma surpresa será verificada nesse mecanismo de rigorosa exatidão. Mesmo os espíritos refratários, que deverão emigrar para outros mundos, já se encontram arrolados na massa "psíquica" que apresentará insuficiência para a reencarnação no terceiro milênio. A época exata em que se concretizam os "tempos chegados", para a Terra, é apenas um detalhe ínfimo, adstrito ao "Grande Plano", que é harmônico em toda a sua execução; apenas se ajustam, nessa época, em perfeita sincronia, a necessidade de nova estabilidade terráquea no sistema e a urgente necessidade de seleção da sua humanidade para fazer jus ao novo "habitat". As modificações da morada hão de produzir, também, modificações na estesia física dos seus habitantes, e, consequentemente, melhor possibilidade de manifestação psíquica.

PERGUNTA: — Dissestes, há pouco, que as almas pressentem a hora dos "tempos chegados". Poderíeis dar-nos uma ideia da forma desse pressentimento, ou indicar os motivos que o despertam?

RAMATÍS: — Conforme detalhes que vos daremos depois, as almas trazem impressas em sua retina espiritual as recordações dos acontecimentos dolorosos que já viveram de modo catastrófico e, além disso, recebem instruções, no Espaço, sobre aquilo que está para acontecer. Todos vós estais devidamente avisados dos próximos eventos dos "tempos chegados"; conheceis, no subjetivismo de vossas almas, a sequência dos fatos que se desenrolarão sobre a crosta do vosso orbe. Embora reconheçais que sempre houve terremotos, vulcões, inundações, epidemias, furacões ou catástrofes gigantescas na Terra, sempre que tendes notícias a esse respeito domina-vos um estranho pressentimento de que "algo" já sabíeis no vosso psiquismo! Um fatalismo se desenha no horizonte e sempre vos adverte fortemente quanto à indiscutível instabilidade das formas e dos valores comuns do mundo. E, então, não tendes mais dúvidas no subconsciente, e pensais: os tempos chegaram!... Os menores acontecimentos trágicos parecem repetir aos vossos ouvidos a advertência de Jesus: "E todas estas coisas são princípio das dores".

E quanto maior é a sensibilidade psíquica da criatura, mais intenso é o seu pressentimento. Muitos subestimam ou descrêem do fenômeno profetizado, mas estão apenas confundindo a insuficiência de sua memória etérica com a suposição da posse de um intelecto desenvolvido! Um dos mais evidentes sinais de que os tempos são chegados, podereis encontrar nas duas correntes de forças ocultas que se digladiam na vossa alma: uma impera vigorosa, agressiva, à superfície dos vossos sentidos comuns e vos seduz como o cântico das sereias; é a energia da "Besta", fremindo para vos levar ao fundo do oceano da iniquidade; a outra é suave, amorosa, endereçando-vos sucessivos convites para o mais alto, embora pedindo-vos sacrifícios e renúncias; é a mensagem do Evangelho, no silêncio do vosso coração! Até no interior dos próprios templos e dos ambientes espiritualistas há estranhos convites da "Besta", pois "ela seria solta juntamente com Satanás". No entanto, paradoxalmente, surgem apelos do Cristo no seio das paixões mais vis! É porque os "tempos são chegados"! A "Besta" veio para perverter e o Cristo para renovar!

PERGUNTA: — Considerando que os acontecimentos catastróficos do "fim dos tempos" não devem ocorrer de forma espontânea, qual será o agente ou a condição capaz de provocá-los na época profetizada?

RAMATÍS: — A eclosão desses acontecimentos dar-se-á pela presença de um planeta que se move em direção à Terra e cuja aproximação já foi prevista remotamente pelos Engenheiros Siderais. A sua órbita é oblíqua sobre o eixo imaginário do vosso orbe e o seu conteúdo magnético, poderosíssimo, atuará tão fortemente que obrigará, progressivamente, a elevação do eixo terráqueo. Se imaginardes uma haste oblíqua, no espaço, e atuardes na ponta superior da mesma, atraindo-a para vós e conservando a ponta inferior no mesmo local, obrigá-la-eis a tomar a posição vertical. É o que acontecerá com o

planeta que habitais.
Trata-se de um planeta impregnado de magnetismo primário, muitíssimo vigoroso, cuja aura radiativa, devido à estrutura mineral do seu núcleo, ultrapassa de 3.200 vezes o potencial da aura astroetérea do vosso globo! Ele trafega numa órbita que exige 6.666 anos para completar o seu circuito e, mediante o seu próprio magnetismo e as coordenadas de forças que se cruzam no vosso sistema solar, tange a órbita terrestre, formando um ângulo de poderosa atração magnética, capaz de elevar, gradativamente, o eixo da Terra. Obediente ao cientificismo sideral dos planos determinados pelos construtores de mundos, a influência magnética desse astro far-se-á sentir até que se complete a verticalização da posição da Terra. Quando o eixo terráqueo estiver totalmente verticalizado, o planeta intruso já se terá distanciado do vosso orbe.

PERGUNTA: — *Essa verticalização do eixo terráqueo é que constitui a condição principal para a eclosão dos "tempos chegados"?*

RAMATÍS: — Embora a elevação do eixo da Terra tenha de se processar gradativamente, de modo tal que, a princípio, não despertará a curiosidade científica ou a apreensão humana, ser-vos-á fácil avaliar as consequências decorrentes do fenômeno. Certamente, os cientistas hão de explicar o acontecimento dentro das leis consagradas pelo academismo oficial e situá-lo no campo das modificações climáticas e previstas no "tempo geológico".

A verticalização, quando for percebida, será incondicionalmente atribuída à periodicidade espontânea dos movimentos naturais do orbe. Dificilmente a vossa ciência haverá de aceitar a "absurda" notícia da aproximação de um planeta desconhecido nas cartas astronômicas. O atrito magnético, que provocará gradativamente o aquecimento no vosso orbe, será levado à conta de fenômeno comum e inerente às alterações da massa planetária. Mas, apesar de todas as explicações cientificamente muito "bonitas", dos vossos cientistas, os acontecimentos se efetivarão de acordo com os planos elaborados pelos construtores siderais e não conforme as opiniões acadêmicas! Convém noteis, entretanto, que, apesar de serem muito naturais as conclusões sensatas do "aquecimento natural" e das "modificações geofísicas" do globo terrestre, merece cuidadosa reflexão o fato surpreendente de que esses acontecimentos, embora comuns e naturais, venham a coincidir exatamente com o momento profético dos "tempos chegados".

PERGUNTA: — Isso quer dizer que só a atual juventude terrena é que viverá a fase mais angustiosa, que se situará além de 1982. Estamos certos?

RAMATÍS: — Essa será a fase de maior eclosão do fenômeno, no sentido geral de sua disseminação pelo orbe terráqueo, na sua máxima intensidade geofísica; no entanto, as forças internas do vosso planeta farão o seu desenvolvimento progressivo sob a ação atrativa do astro intruso, qual um rugir da "alma-vital" da Terra, irritada pela subversão que o homem lhe tem feito de todas as suas potências criadoras! O abuso excessivo que a criatura terrícola fez dessas forças, nos milênios findos, regando campinas verdejantes e canteiros de flores com o sangue humano; o desmando na aplicação fisioquímica para o fabrico das metralhas, das bombas fratricidas; a energia atômica derretendo milhares de seres com destinos determinados, encontrarão nos próximos eventos trágicos a compensação exata dos distúrbios provocados! E não chameis a isso de injustiça, pois a vossa humanidade contemporânea é o mesmo punhado de almas que vem mourejando pelos séculos findos, e só difere quanto aos novos vestuários da carne e quanto aos atuais cenários do século XX, lisonjeiramente mais estéticos e científicos!

O imenso cortejo de criaturas que hão violentado a lei do progresso e do amor já pode pressentir, no horizonte da vida humana, os primeiros sinais da retificação compulsória correspondente aos equívocos cometidos alhures, sob os desmandos da consciência ainda infantilizada! Não se trata de punição, nem de desforra divina, mas apenas de retificação espiritual; um obrigatório abandono dos atalhos prejudiciais à alma, e o regresso feliz ao velho caminho da compostura cristã, a fim de que se consolide a vossa mais breve ventura!

Enquanto as energias íntimas do vosso globo fremirem sob o convite assustador do astro indesejável, a sua massa agitar-se-á como o gigante que desperta, irritado, pela irreverência humana, mas as vossas almas sentir-se-ão rompidas em seu egocentrismo milenário e de personalidade isolada, para se buscarem entre si, nas dores coletivas. Os vossos corações sentir-se-ão irmanados pelo sofrimento, e as vibrações de angústia coletiva repercutirão como uma só alma sedenta de paz e de amor! Mesmo os últimos "são tomés", os pseudossábios, cuja indiferença se protege com os postulados científicos, reconhecerão, também, o momento sacrificial e, de joelhos, rogarão a sua integração nas hostes pacíficas do Cordeiro!

Será um trágico convite — não resta dúvida — a ser olhado com rancor pelo intelectualismo intoxicado, do vosso século, mas, para vós, apenas um modesto resgate, em face das inexcedíveis venturas que vos esperam nas esferas da Luz, onde o Cristo reina eternamente e distribui o seu imperecível Amor às almas cristificadas!

Não serão acontecimentos alcançáveis apenas pela vossa atual juventude; gradativamente hão de todos participar deles — cada um conforme a sua necessidade de retificação espiritual e de acordo com a sua dívida cármica acumulada no decorrer dos séculos.

Muitos que já partiram do vosso mundo, e outros que ainda hão de partir, hão de retornar em breve, premidos pela Lei da Reencarnação, a fim de se submeterem ao exame profetizado para a promoção espiritual coletiva. A recrudescência dos acontecimentos no próprio Espaço adjacente à Terra criará o clima necessário para a retificação espiritual dos desencarnados, pois todo o invólucro astrofísico da Terra sofrerá sob o impacto renovador. Não serão encontrados lugares melhores ou piores; zonas de salvação ou de fuga; nem se saberá o momento exato dos acontecimentos, conforme o próprio Jesus afirmou, quando disse: "E a hora exata só meu Pai é quem sabe".

Cada um será provado onde estiver, malgrado a crença de muita gente, que buscará apressadamente os lugares de "sal-

O Apocalipse – Os tempos são chegados   37

vação", no mundo físico, ante o pavor dos acontecimentos trágicos. Reza a profecia: — "Os da cidade não alcançarão os campos e os dos campos não alcançarão as cidades"! O carma inflexível, como Lei invulnerável, imutável, é que ditará o "quantum" de responsabilidade de cada habitante da Terra, destruindo toda possibilidade de fuga ilusória na precariedade da carne.

Não vos impressioneis, portanto, e aguardai, na rotina comum de vossas vidas, o dia em que o Alto vos pedirá provas de amor, de bondade e de perdão! Só existe realmente uma senda que vos poderá salvar; uma única esperança capaz de livrar-vos definitivamente do mal, da dor e da ilusão! Em qualquer "fim do mundo" que ocorrer durante vossas existências espirituais, a vossa libertação só será encontrada na vossa absoluta integração nos postulados do Evangelho do Cristo!

2.
O Juízo Final

PERGUNTA: — Qual o principal objetivo do "Juízo Final", no evento profético dos "tempos chegados"?

RAMATÍS: — É o de selecionar os espíritos em duas ordens distintas, a fim de ser ativada a ascensão espiritual das duas ordens selecionadas.

PERGUNTA: — Quais serão essas duas ordens distintas?

RAMATÍS: — Compreenderão os dois grupos distintos que Jesus profetizou para a hora final, quando afirmou que viria julgar os vivos e os mortos, separando os lobos das ovelhas, o trigo do joio, ocasião em que os bons sentar-se-iam à sua direita e os maus à sua esquerda. Um desses grupos — o que tomará lugar à direita do Cristo — será constituído das criaturas cuja vida houver representado um esforço à procura da bondade, do amor, da honestidade, da renúncia em favor do próximo, no cumprimento dos preceitos renovadores do Evangelho; o outro grupo — que tomará lugar à esquerda do Cristo — será representado pelos maus, compondo a triste caravana dos que emigrarão para um orbe inferior, em relação com o seu padrão anticrístico. É o dos que planejam os arrasamentos das cidades pacíficas; os técnicos impassíveis que movem botões eletrônicos para destruição à distância; os cientistas satânicos que operam nos desvãos dos laboratórios, na preparação dos engenhos de morte; os que exaurem fosfatos na busca de meios mais eficientes para assassinatos coletivos nos matadouros ou nas matas verdejantes; os que criam indústrias para o fabrico de instrumentos criminosos; os autores de engenhos malignos, que transformam os aviões da fraternidade em monstros vomitadores de bombas infernais. E a triste caravana será ainda engrossada com outros contingentes humanos provindos das corrupções administrativas: os que se locupletam com os bens públicos e dificultam o leite para a criança, o asilo para o velho, o agasalho para o desnudo e o hospital para o indigente; as almas venais, que transformam a consciência em balcão; os exploradores sensacionalistas das desgraças alheias; os jornalistas, escritores, tribunos e políticos que instigam ou defendem as forças do ódio, indiferentes à edificação superior da consciência das massas e à educação essencial da criança. Este o séquito a caminho da implacável retificação no "habitat" sombrio de outro mundo tão agressivo e impiedoso quanto as suas próprias consciências, e que se tornará o regaço materno não só dos que obrigam as mãos que lavram o solo pacífico a tomar armas para o extermínio fratricida, como daqueles que insuflam o ódio racial e contribuem para o desaparecimento da paz; dos que industrializam as graças divinas a troco da moeda profana; dos que pregam a fraternidade promovendo a separação e empregam os recursos da violência para a conversão dos infiéis. Como egoístas, impiedosos, avaros, fariseus e salteadores de "traje a rigor", terão que se sujeitar aos pródromos de outra civilização humana, no exílio provisório à "esquerda" do Cristo.

PERGUNTA: — Supondo que esses seres se convertam na hora derradeira de seu afastamento da Terra, porventura Deus não os perdoará?

RAMATÍS: — Não alimenteis as falsas ilusões que as religiões criaram a esse respeito. O perdão exige uma premissa, que é a ofensa. Ninguém pode perdoar sem ter aceito ou considerado a ofensa correspondente. Portanto, para que Deus perdoe, é necessário conceber-se que, antes disso, se sentisse ofendido! Uma vez que Deus não se ofende — pois é o Absoluto Criador Incriado — não precisa perdoar. Ele é a Lei Suprema, cujo objetivo se revela na consecução da felicidade do espírito. Demais, o perdão à última hora — como já explicamos — não modifica o conteúdo íntimo da alma, a qual necessita reeducar-se para se harmonizar com as esferas de vibração mais pura.

PERGUNTA: — Afirmou-nos o irmão que a separação, na hora do "Juízo Final", ativará a ascensão espiritual dos dois grupos. Como se dará essa ascensão entre os que forem afastados para as regiões infernais?

RAMATÍS: — Jesus afirmou que os da sua esquerda seriam degradados para regiões onde só há o ranger dos dentes. Isto significa que se trata de planos rudes, primitivos, opressivos locais de desespero, de ódios, de desforras e de animalidade. Os afastados para regiões inferiores em relação ao vosso orbe, constituindo-se de almas esclerosadas no mal e na preguiça espiritual, daninhas às coletividades pacíficas, também progredirão até mais rapidamente, ante a agressividade do meio em que forem habitar. Tratando-se de espíritos já sensíveis, conhecedores dos bens terráqueos, sofrerão mais intensamente os impactos purificadores, pela maior consciência dos seus estados íntimos. A saudade da vida no seu planeta original ativará intensamente as suas inteligências, condensando-lhes no subjetivismo da alma desejos e ideais para uma breve libertação do orbe inferior. Ambos os grupos estabelecidos no "Juízo Final", o do "trigo" e o do "joio", conseguirão acentuado progresso espiritual, de acordo com os valores afins ao seu psiquismo coletivo.

Os da direita do Cristo serão favorecidos com nova reencarnação na Terra já higienizada no seu clima e magnetismo, que lhes permitirá uma ascensão mais rápida, devido à pulsação uníssona dos sentimentos crísticos de todos.

PERGUNTA: — É essa a finalidade única dessas épocas proféticas classificadas como "Juízo Final"?

RAMATÍS: — As épocas de "Juízo Final" têm também por função ajustar a substância planetária para se tornar melhor "habitat" e, consequentemente, requerem seleção de almas com melhor padrão, necessário para as sucessivas reencarnações em moradia aperfeiçoada. É um mecanismo previsto pela Suprema Lei e rigorosamente coordenado e dirigido pelos que são designados para criar em nome de Deus; ultrapassa o entendimento humano e a matemática das leis científicas. Conforme já vos explicamos, trata-se de planos elaborados pelos Construtores Siderais, em sintonia com o "Grande Plano" mentalizado pelo Criador. Como os planetas são corpos poderosos, ou seja, campos de energia concentrada que toma a forma material, obedecem tacitamente às leis de progresso energético, que lhes aprimora a substância, ajustando-os, paulatinamente, à evolução harmônica do sistema a que pertencem. As humanidades que lhes estão conjugadas — como gozam do livre arbítrio de realizar a sua felicidade quando bem lhes aprouver — é que raramente atingem a sua perfeita renovação dentro da perfeita conexão "espírito-matéria". Essa negligência da alma requer, então, dos Mentores do orbe, periódicas separações entre o "joio" e o "trigo", os bons e os maus, as "ovelhas e os lobos" ou, ainda, os da "direita" e os da "esquerda" do Cristo.

Jesus, quando predisse, há dois milênios, os fatos a ocorrerem nos "tempos chegados", bem sabia da necessidade selecionadora de que vos aproximais, em consequência do mau uso do vosso livre-arbítrio. O "livre-arbítrio" é um direito que o Pai concede ao espírito mas, quando ele abusa dessa faculdade, retarda-se na ascese espiritual e se desajusta, causando prejuízos ao progresso da sua própria morada. Iludido pelos prazeres transitórios da vida física, seduzido pelas gloríolas efêmeras e pelos tesouros enganadores, trabalha em prejuízo de sua felicidade; depois, assusta-se, temeroso da aproximação do "Juízo Final". É que nota, surpreso, que vivia entre as ilusões do mundo provisório, fazendo ouvidos moucos à Voz Augusta do Mestre, que advertia da hora improrrogável do ajuste "psicofísico".

A Lei, imutável, severa, mas justa na lógica do aprimoramento por seleção, afasta para mundos inferiores os que reclamam recursos mais drásticos para a escalada da perfeição. E, assim como se acelera o progresso dos degredados para mundos mais atrasados à força de um sofrimento compulsório mais doloroso, do novo "habitat", também se desenvolve o psiquismo dos nativos desses orbes primitivos, ante o auxílio que lhes trazem os descidos dos mundos mais adiantados. É a perfeita equidade da Lei Suprema, que atua para o bem e para a felicidade de todos os filhos de Deus!

PERGUNTA: — Isso quer dizer que estamos sob um perfeito controle administrativo do Espaço. É isso mesmo?

RAMATÍS: — Não deveis estranhar a existência dessa administração, salvo se vos esquecestes do que Jesus disse: "O que ligardes na Terra será ligado nos céus, e o que desligardes na Terra também será desligado nos céus". Nada ocorre no vosso mundo, que não tenha aqui as suas raízes fundamentais; seja o fato mais insignificante, seja a consequência mais ampla. Os Mestres Espirituais vos acompanham, desde os primeiros bruxuleios da consciência individual, por meio de "fichas cármicas" de vossas existências. A desordem e a indisciplina podem causar confusões em vossos meios materiais, mas nos organismos diretores de vossas existências espirituais a ordem e a harmonia são elementos permanentes. Na hora nevrálgica dos eventos selecionadores, "a cada um será dado conforme as suas obras" e, também, "muitos serão os chamados, mas poucos os escolhidos". O terrícola assemelha-se comumente a um menino irresponsável; procura ignorar a sua urgente necessidade de integração no Evangelho, guardando a ilusão de que haverá contemporizações se porventura sobrevier uma "hora dolorosa", em que se façam ajustes das falências espirituais! A persistência em permanecer nas trevas da iniquidade não pode favorecer a ninguém perante a justiça divina.

PERGUNTA: — É violenta essa variação do eixo terrestre?

RAMATÍS: — Manifesta-se de duas formas distintas; umas vezes com certa violência, produzindo rápida modificação e acarretando um cataclismo geológico, como ocorreu na submersão da Atlântida, e outras vezes não.

Além do que consta nos *registros iniciáticos* do Oriente, podeis encontrar notícias da última influenciação sofrida pelo eixo da Terra se percorrerdes os textos da Bíblia, do Talmude, de inúmeros papiros egípcios, das tábuas astronômicas da Babilônia, da Pérsia, da Índia, e até os calendários astecas e os dos maias. Há notáveis e exatas referências a esse fenômeno nas lendas folclóricas do México, da China, da Arábia, do Tibete, da Finlândia; nos relatos verbais ou tradições conhecidas entre

O Apocalipse – Os tempos são chegados   43

os aborígines da América Central e os remanescentes dos peles-vermelhas americanos. Os *Livros de Bambu*, dos chineses, as *Crônicas do Talmude* e o *Livro dos Reis*, entre os assírios, revelam perfeita concordância conosco nas suas citações simbólicas do fenômeno de que se trata. Os mamutes, que os vossos cientistas lobrigam sob os gelos do Pólo Norte, ainda com o ventre repleto de ervas ingeridas, que cresciam a mais de 1.800 quilômetros de distância do local, são testemunhos indiscutíveis de que houve um acontecimento violento no passado. Na realidade, a espécie mamute foi aniquilada de súbito — asfixiada pelo gás que se desprendeu na convulsão — e soterrada sob o gelo que se formou em consequência da modificação rápida do eixo da Terra. A nova modificação no eixo terráqueo, que se inicia atualmente, processa-se lenta e gradativamente. No primeiro caso houve inversão e, no segundo, registra-se elevação do eixo.

PERGUNTA: — *Temos procurado enquadrar essas vossas revelações nos cânones científicos atuais, mas não encontramos maneira lógica de o fazer. Tais fenômenos devem, porventura, contradizer as leis científicas humanas?*

RAMATÍS: — Aparentemente, parecer-vos-á que contradizem: em primeiro lugar, porque não estamos autorizados a vos dar integral e indiscutivelmente soluções que, em grande parte, cabe a vós mesmos descobrirdes dentro da lei do esforço próprio; em segundo lugar porque, em se tratando de eventos futuros, para além de vossos dias, é necessário velar, de certo modo, o desenrolar completo dos acontecimentos e do fenômeno particular do "planeta higienizador". Pouco a pouco, no entrechoque da crítica oficial com as oposições experimentais, toda a realidade se fará visível. No momento, a ciência há de se apegar à letra do espírito mas, no futuro, os acontecimentos vos revelarão o espírito da letra!

Sabemos que muitos iniciados ocultistas, do vosso mundo, já levantaram uma pontinha do "véu de Ísis" que encobre o fundo dos nossos relatos. O julgamento daquilo que constitui vaticínio, predição ou conjetura do que há de acontecer no futuro torna-se dificultoso se feito "a priori", por meio das leis conhecidas em vosso mundo. Apesar do positivismo de vossa ciência oficial, não chegou ela, ainda, a um acordo ou identificação de pensamento quanto à catástrofe da Atlântida! E o fato é de estranhar, de vez que existem marcas, sulcos e indicações perfeitas, no vosso mundo, que servem de elementos acessíveis e positivos para as precisas verificações do ocorrido. Cremos que, ante a dificuldade de encontrardes elementos exatos para julgamento do que já sucedeu à flor da vossa crosta terráquea, e a impraticabilidade de julgardes o que já aconteceu no passado, é visível incoerência tentardes julgar acontecimentos futuros!

PERGUNTA: — *No entanto, têm-se levado a efeito certas pesquisas de indiscutível resultado, que poderão servir de base lógica para certas dúvidas acerca do que dizeis sobre o futuro. Conhecidas certas leis, facilmente se poderá avaliar da marcha de eventos conjeturados.*

RAMATÍS: — Os cientistas da Atlântida também esposavam dúvidas sobre o que iria acontecer, até aos últimos momentos dos acontecimentos, embora as "pitonisas" e as "vestais" dos "Templos do Vaticínio" advertissem de uma próxima catástrofe, e o próprio rei Noé, decididamente, fizesse navegar o seu palácio flutuante até as fímbrias do Himalaia, a fim de preservar os documentos iniciáticos em seu poder. O conhecimento científico daquela época — embora adiantado no campo astronômico e astrológico, em relação às leis positivas — desmentia a possibilidade de acontecimentos inesperados e incomuns. Conforme reza a tradição bíblica, enquanto Noé predizia o dilúvio, o povo dançava e se divertia, zombando da ingenuidade do seu bom rei e confiado nos seus conhecimentos fragmentários.

Os cientistas ignoram que os profetas costumam lançar um véu sobre o fundo de suas predições, porque encerram também vaticínios referentes a futuros remotos. A ignorância dessa circunstância fez que o povo atlante fosse colhido por uma inundação espantosa, sem poder alcançar as altas cordilheiras, que os sacerdotes assinalavam como locais de segurança.

O Apocalipse – Os tempos são chegados 45

PERGUNTA: — *Quais os resultados para a massa planetária, em virtude de tais variações periódicas do eixo da Terra?*

RAMATÍS: — Através das modificações que resultam, estabelecem-se os repousos e as revitalizações do solo, com os quais certas regiões desnutridas e radiativamente esgotadas haurem novas forças de que precisam para servir aos seus moradores. Há nova redistribuição de águas e de terras, bem como substituições de climas, que então favorecem a composição do material destinado ao espírito na experimentação da forma. Já podeis observar, no momento que passa, as inquietantes variações de clima e de pressão atmosférica que se estão sucedendo, inesperadamente, em vosso globo. Determinadas epidemias esquisitas, que já tendes assinalado nas regiões asiáticas, são provenientes de emanações gasosas, que se fazem sentir na gradual modificação do eixo da Terra, embora não ocorra um impacto gasoso violento, que se aniquilou sob o gelo do Polo Norte. O deslocamento das florestas canadenses e suecas, a migração constante dos pinguins e das focas, as áreas siberianas que se estão tornando agrícolas, as comprovações últimas de que os mares árticos estão esquentando e a navegação que se prolonga continuamente no estreito de *Bhering*, devem merecer de vós cuidadosa observação, pois o fenômeno da elevação do eixo está em prosseguimento, embora ainda imperceptivelmente.

A vossa ciência oficial pode teimar em querer ignorar o assunto, mas o certo é que a ciência oculta — que está preservada dos olhos profanos e das discussões estéreis — possui o roteiro dessas modificações periódicas. Na história dos "Grandes Ciclos Secretos" consta tudo isso e mesmo a profecia da submersão da Atlântida, extensiva para além do Período Terciário, no qual aquela extraordinária civilização foi desaparecendo sucessivamente da face do orbe. A Atlântida encontrava-se bastante civilizada, quando o "eixo da roda" se inclinou e ocorreu o *pralaya* das raças, surgindo a neve, a geada e o gelo nas regiões tropicais. Os estudiosos do assunto poderiam obter esclarecimentos a respeito nos "registros orientais", dos santuários iniciáticos, à vista dos quais reconheceriam que a frase pitoresca "eixo da roda" refere-se ao eixo da Terra!

PERGUNTA: — *Ocorreram ainda outras modificações na posição do eixo da Terra?*

RAMATÍS: — As modificações previstas pela Engenharia Sideral são concomitantes aos eventos de cada "raça mãe", ou "raça raiz", predispondo-as para certo desenvolvimento específico, conforme a região que habitam. A raça lemuriana manifestava fortemente a vontade de viver, formando a cabeça das várias raças precedentes, semi-animais. Assim que desempenhou a sua função de formar a substância consciencial da mente no plano das formas, para o desenvolvimento mais nítido do raciocínio, foi substituída pela raça atlante, cujos vestígios de vida podeis encontrar na perfeita correspondência dos símbolos astecas, que se afinizam aos tipos humanos do Egito.

Há em torno do Oceano Atlântico (para os espíritos observadores) uma série de fatos que, à sua margem, comprovam a identidade de um povo desaparecido. Ao mesmo tempo que os lemurianos manifestavam — como já dissemos — vontade ardente de viver, os atlantes revelavam a paixão, o apetite sensual, isto é, os desejos desordenados de uma natureza toda passional. Estudos cuidadosos sobre as civilizações asteca e egípcia, identificariam os fundamentos básicos dos tipos humanos atlantes que, mais avessos às exigências do intelecto, eram profundamente passionais. Os lemurianos, que haviam desenvolvido no organismo físico as primeiras cintilações da vontade dirigida, não sabiam, entretanto, usar a mente, que poderia ter-se consolidado em sua pujança, o que somente os atlantes, no final do seu ciclo evolutivo, puderam conseguir com êxito.

Cada modificação do eixo da Terra influi profundamente na conformação geológica e na estrutura da raça em efusão. Já podeis verificar, no momento, os profundos sinais reveladores dessa mudança na evolução humana. Há no vosso mundo um novo tipo de consciência, em formação, que difere do tipo tradicional, embora só a possais encontrar entre os verdadeiros "eleitos", no seio da massa comum. Após a modificação do eixo e a conseqüente higienização do vosso "habitat", essa consciência — que revela as credenciais do espírito da nova raça — é que terá de comandar a civilização do terceiro milênio.

PERGUNTA: — *Qual o conteúdo básico dessa consciência futura?*
RAMATÍS: — É o ideal da Fraternidade, que alguns povos já revelam em acentuado esforço de realização. Ela está se formando, principalmente, entre os povos americanos, cujos braços se estendem, presentemente, para os combalidos das coletividades de além-mar. Na "Ronda" formativa das sub-raças e sete "raças-raízes", do vosso globo, os Mentores Siderais previram sete modificações essenciais; já ocorreram quatro modificações, e a quinta está beirando os vossos lustros terráqueos, em concomitância com a quinta raça-raiz. E já sabem eles, de antemão, quais as nações e as raças que estão mais aptas para continuar a civilização, no cumprimento dos planos desenvolvidos na Mente Divina.

PERGUNTA: — *Poderíamos saber quais as nações sobreviventes dessa catástrofe proveniente da modificação do eixo da Terra?*
RAMATÍS: — Não nos cumpre indicar nominalmente quais os conjuntos sobreviventes, mas conhecê-los-eis pela sua maior afinidade com os ensinos do Cristo, pelo seu maior afastamento do mercantilismo e da corrupção moral. É a característica "fraternismo", o que principalmente os distinguirá na sobrevivência. Serão os povos que revelam a preocupação constante de auxiliar o próximo e que se dedicam imensamente em "servir", bem como em anular fronteiras raciais. São os que, embora sob múltiplos aspectos ou formas devocionais — na variedade polimorfa de intercâmbio com o Alto — procuram o Cristo Interno, num autocompromisso assumido no Espaço. São os que realizam movimentos espirituais tendo à frente líderes que revelam a força coesa no trabalho e a segurança completa nos seus ideais. São aqueles cujos exemplos contaminam e atraem os forasteiros e imigrantes que sentem a decadência das velhas fórmulas dos seus países. São nações que constituem atrações contínuas para o afluxo de artistas, filósofos, cientistas e religiosos de todos os matizes, que as "sentem" como preservadas do perigo na hora trágica do "Juízo Final". Mas, advertimos-vos (e procurai distinguir!): o

essencial para sobreviver é a procura do Cristo Interno!

PERGUNTA: — Os nossos cientistas encontrarão provas, em breve, de que já houve modificação anterior na posição da Terra?

RAMATÍS: — Com o fenômeno do degelo na Groenlândia, encontrarão vegetações aniquiladas, como o álamo, o carvalho, o pinheiro, os cedros, árvores frutíferas como as das nozes, das castanhas, das amêndoas, próprias de climas contrários. Inúmeras outras plantas dar-lhes-ão a confirmação de que o Polo Norte já foi região aquecida e está retornando à sua primitiva forma.

PERGUNTA: — Cremos que a notícia da aproximação do "astro higienizador", a que anteriormente vos referistes, e que influirá na elevação do eixo terráqueo, não há de encontrar apoio nas nossas atuais "leis astronômicas". Através dos seus conhecimentos astronômicos, se bem que rudimentares, os nossos astrônomos ou astrólogos ainda não puderam pressentir a aproximação desse astro. Que devemos pensar?

RAMATÍS: — Comumente, a ciência oficial acaba encontrando a solução científica para inúmeros fenômenos que anteriormente eram considerados impossíveis ou inconcebíveis. Como não há milagres no Cosmo, um fato, por mais exótico que pareça, ou o evento por mais inimaginável que tenha sido, termina sendo enquadrado num princípio científico. Há sempre uma lei que se liga a uma série de outras leis e, consequentemente, se conjuga à Lei Suprema da Criação. Antigamente eram consideradas milagres as estranhas chuvas de blocos de pedras, que caíam dos céus; mas, assim que os cientistas franceses descobriram a existência dos meteoritos, não tardaram em expor as "leis científicas" que governavam o fenômeno. Entretanto, Copérnico, Galileu, o meticuloso Kepler e o genial Newton eram profundamente céticos quanto aos relatos idênticos constantes da Bíblia! As leis conhecidas naquela época desmentiam, profunda e terminantemente, a possibilidade de caírem pedras do céu! Mas as pedras, os meteoritos — que ignoravam, talvez, essa decisão da ciência da Terra — teimaram em cair, no século dezenove, para espanto dos cientistas. É justo que duvideis, no momento, daquilo que só após certo tempo poderá realizar-se, mas é certo também que não podereis impedir aquilo que tem de acontecer, embora sejais cultores de leis e ciências positivas. Ainda que não possais ver a "espiga" no grão de milho, plantai esse grão e o "tempo" dar-vos-á a espiga completa! Os cientistas da Atlântida ainda se empenhavam em discussões acadêmicas, quando as torrentes oceânicas invadiram seus laboratórios de pesquisas, e a submersão se fez, apesar da crença na impraticabilidade do fenômeno profetizado! Posteriormente, os sobreviventes descobriram as leis que haviam determinado a grande catástrofe. E a profecia, naquela época, assim rezava, para só mais tarde ser compreendida: — "Haverá mudança do eixo da roda; o quente ficará frio e o frio será quente, lançando o de baixo para cima e o de cima para baixo". Se Galileu houvesse consultado os apontamentos atlântidas, ter-se-ia surpreendido com a antecipação do pensamento daqueles cientistas, que já afirmavam que "a Terra se movia em torno do Sol", conforme se poderá verificar nos *Registros Orientais dos Ciclos Cármicos*, onde se diz que "a roda tem eixo e gira em redor de Ra (o Sol)".

PERGUNTA: — Alguns filósofos espiritualistas afirmam-nos que não se dará um evento como o "Juízo Final", motivado pela modificação do eixo terráqueo. Acreditam eles que o "Juízo Final" é uma época simbolizada por Jesus naquela expressão, mas referente apenas ao amadurecimento interior do homem, isto é, ao desaparecimento do mundo anticristão, mas sem essas consequências bruscas, materializadas nas profecias que, por isso, não são absolutamente exatas. Qual o vosso parecer?

RAMATÍS: — Duvidar das profecias consagradas nas tradições bíblicas seria atribuir a Jesus o título de embusteiro, pois ele ratificou as predições dos profetas e sempre as acatou e repetiu. João Evangelista, na ilha de Patmos, aos 96 anos de idade, quando seu desterro determinado por Domiciano, ouvindo a voz que vinha da esfera do Cristo, registrou suas impressões e descreveu a "Besta do Apocalipse". Isso vos demonstra a fonte divina de suas profecias. Ainda mais: Isaías, Jeremias, Ezequiel, Daniel, Marcos e João Evangelista anotaram, com ricos detalhes, os eventos em questão. Mais tarde, ainda outros trouxeram novo cabedal e reforço para que a alma terrícola, descrente, se compenetrasse da realidade espiritual e retificasse o seu caminho tortuoso. Podeis destacar, entre eles, o monge Malaquias, Santa Odila, o Cura d' Ars, Catarina de Emmerick, o campônio Maximino, o profeta de Maiença, Frau Silbiger, Paracelsus, Mãe Shipton, bem assim lembrar-vos das profecias cientificamente comprováveis pelas medidas padronadas das pirâmides do Egito e nas ruínas dos templos astecas.

Mas é ainda Nostradamus, o famoso vidente e ocultista do século dezesseis, que oferece matéria mais aproximada dos eventos dos vossos próximos dias. Michel de Nostradamus, conceituado médico, em uma de suas existências anteriores, foi um dos mais célebres profetas bíblicos. Embora variem as interpretações acerca das suas "centúrias", realizaram-se até o momento todas as suas predições, com acentuada exatidão. Há, na língua de vossa pátria, excelente obra de interpretação das profecias de Nostradamus, inspirada, daqui, ao seu intérprete, pelo próprio vidente francês. Essa obra, sob os nossos olhos espirituais, guarda a maior fidelidade com os próximos acontecimentos. As modificações e os acontecimentos previstos estão enquadrados dentro das próprias leis estabelecidos pelos Organizadores do Orbe. A função dos profetas tem sido apenas a de noticiar o que há de suceder, sem intervenção de ideias próprias.

PERGUNTA: — Em face de acontecimentos científicos e de movimentos confraternistas, como os que se realizam na Terra atualmente, nao poderíamos alcançar elevação espiritual, independentemente de sucessos catastróficos?

RAMATÍS: — Em virtude da tradicional versatilidade humana, que se deixa seduzir pelo mundo das formas, dificilmente poderíeis conseguir a sanidade espiritual coletiva, sem os recursos purificadores das seleções proféticas. Materializa-se pouco a pouco o vaticínio tenebroso quanto à "Besta do

Apocalipse", cujo corpo e alma estão sendo alimentados pelos crimes, aberrações, guerras, ciúmes, impiedades, avareza e apego à idolatria sedutora da forma! A fermentação vigorosa das paixões inferiores, aliada à ingestão de vísceras sangrentas da nutrição zoofágica, não favorece a escultura do cidadão crístico do milênio futuro! A aura do vosso orbe está saturada de magnetismo coercitivo, sensual e estimulante das inferioridades do instinto animal. O "reinado da Besta" se estabelece lenta mas inexoravelmente, aprisionando incautos nas suas redes sedutoras; a hipnose à matéria se processa vigorosamente e os valores tradicionais se invertem, eliminando as linhas demarcativas da moral humana! A Sublime Luz do Cristo que, no sacrifício do Gólgota, iluminou amorosamente o vosso mundo, encontra imensa dificuldade para banhar as almas impermeabilizadas pela "casca" das paixões desregradas. Recorda o esforço exaustivo que fazem os raios do Sol para atravessar as vidraças empoeiradas! Mas esse pó, que se incrusta no vosso espírito e impede o acesso íntimo às vibrações altíssimas do Cristo, será varrido sob o impacto doloroso dos "tempos chegados" e do "Juízo Final", quando o Anjo Planetário julgará os vivos e os mortos e separará o "joio" do "trigo".

A nova transfusão do amor crístico ser-vos-á dada pelo imperativo da justiça e da dor!

PERGUNTA: — Uma vez que as sementes extraídas dos frutos podres podem gerar árvores sadias, não poderíamos alcançar nossa promoção espiritual sob novos planos de reconstrução moral, com o aproveitamento de todos os espíritos sadios?

RAMATÍS: — Alguns séculos antes do Cristo, já se vos ofereceu um maravilhoso padrão de vida superior, quando a civilização grega, sob a direção de mentores como Platão, Sócrates, Pitágoras, Aristóteles, Apolônio de Tiana e outros, cultuava devocionalmente o lema: "alma sã em corpo são". Entretanto, que evolução espiritual conseguistes desde os gregos até os vossos dias? Quando sois entregues aos ditames da vossa própria razão, seguis, porventura, o curso ascensional para a angelização tão desejada? E mais necessária se vos tornou, ainda, a imposição de resgates violentos e dolorosos, porque recebestes, como divino acréscimo aos bens doados pelos gregos, a visita do Sublime Cordeiro de Deus, que inundou vosso mundo de Luz e de Amor! Se, partindo da civilização grega e atravessando a época de Jesus, vos encontrais ainda no caos atual, qual será a vossa conduta no terceiro milênio, se vos deixarem entregues novamente aos sistemas educativos da vossa ciência tão convencida?... Realmente, só a modificação draconiana, que se aproxima, verticalizando orbe e humanidade, é que vos poderá erguer e colocar-vos nos caminhos seguros da angelitude!

PERGUNTA: — *Visto que os primeiros sinais do "princípio das dores" podem confundir-se com acontecimentos trágicos, que se sucedem comumente neste mundo, qual o acontecimento que mais identificará a verdadeira chegada do "fim dos tempos"?*

RAMATÍS: — Já que desejais fixar o momento em que começarão a ter lugar esses acontecimentos, dir-vos-emos que, exatamente às 24 horas do dia 1° de janeiro, do próximo ano de 1950, terá início o ciclo de distúrbios climáticos e geológicos preditos há tantos séculos. Lenta, mas inexoravelmente, os fatos se reproduzirão em gradativa intensidade; inúmeros terremotos suceder-se-ão em lugares situados fora do cinturão de abalos sísmicos; grandes e temerosas inundações fluviais hão de ultrapassar níveis de rios nunca atingidos por elas; algumas ilhas vulcânicas desaparecerão rapidamente e ilhotas desconhecidas farão a sua eclosão no seio dos oceanos; chuvas torrenciais desabarão em zonas de contínuas secas, e regiões tropicais sofrerão os efeitos de geadas inesperadas; rios nutridos perderão o seu conteúdo líquido e leitos secos ficarão pejados de água; tufões e furacões visitarão continuamente as zonas ribeirinhas, estendendo-se a áreas muito distantes e eclodindo em ritmo cada vez mais acelerado. Algumas praias ficarão reduzidas, ao mesmo tempo que outras terão as suas faixas arenosas aumentadas; aldeias situadas em áreas de inundações sumir-se-ão do vosso mapa terráqueo, deixando milhões de pessoas sem teto; os animais, as aves e mesmo os peixes e crustáceos emigrarão continuamente para zonas imprevistas; o frio se fará fortemente manifesto nos lugares tradicionalmente calorosos, enquanto, para surpresa dos seus habitantes, a temperatura subirá continuamente em regiões frígidas. O movimento gradual da verticalização do eixo da Terra irá descobrindo rochas com restos petrificados, de animais e vegetais principalmente os fósseis mais importantes, que se situam na região do Irã, do Egito, do México e na China.

Muitas teorias serão aventadas pelos cientistas, para explicar o fenômeno; alguns responsabilizarão por isso os experimentos atômicos ou as devastações florestais; outros apenas afirmarão que se trata de "aquecimento natural" do orbe.

Decorridos mais alguns anos, a vossa ciência não terá mais dúvidas de que algo estranho se processa na Terra; mas, também, o homem comum já não duvidará de que soou a hora profética da sua redenção espiritual!

3.
A "Besta" apocalíptica

PERGUNTA: — Qual o simbolismo que encerra a figura da "Besta", descrita no livro do Apocalipse, que faz parte da Bíblia?

RAMATÍS: — A figura da "Besta", descrita por João Evangelista no último livro que faz parte da Bíblia, intitulado "Apocalipse", é um simbolismo do desregramento que há de atingir o vosso mundo, conjugando-se a todas as paixões inferiores e formando uma só consciência coletiva, composta das criaturas invigilantes. Simboliza um comando pervertido, ou seja, a dominação por parte de um grupo que submeterá aos seus caprichos determinada quantidade de seres.

PERGUNTA: — Não existe perfeita semelhança entre o conjunto dos espíritos satanizados e esse reinado da Besta? Parece-nos que ambos abrangem um mesmo desregramento; não é verdade?

RAMATÍS: — A distinção, no Apocalipse, é claríssima. O reinado de Satanás, embora compreenda o desregramento humano, corresponde mais diretamente à rebeldia do espírito às diretrizes superiores; é um estado de resistência fria, com um profundo sentimento de impiedade, de gelidez, e um feroz egocentrismo para o fim de sobrevivência pessoal. O reinado da Besta, alicerçado também sobre o desregramento coletivo da massa irresponsável, evidencia-se mais claramente pelo gozo dos sentidos; é uma sujeição espontânea à volúpia e à devassidão. No reinado satânico há mais personalismo, aliado a certa vigilância pessoal dos próprios indivíduos, que não se deixam apanhar em suas artimanhas e usam de toda astúcia para obter o melhor; o da Besta representa mais o desregramento geral, a perda de vontade própria, o abandono à lubricidade e a adesão espontânea dos indivíduos a um único estado de corrupção. O satanismo é individualmente excitante, ao passo que a devoção à Besta é a degradação do indivíduo, como acontece com o viciado em ópio, que se funde com o próprio vício. A massa satanizada difere da massa que adora a Besta, porque desperta um sentimento mau que estabelece contágio de indivíduo para indivíduo; é fortalecida pela simpatia à mesma índole perversa e rebelde, ao passo que a massa bestializada pouco se importa com a sobrevivência pessoal; o que lhe interessa é a sensação do momento e o desejo mórbido, que mata o raciocínio!

PERGUNTA: — Como poderíamos compreender melhor que a figura alegórica da Besta, no Apocalipse, tem relação apenas com o instinto animal, descontrolado, do homem, e não com certas instituições ou agrupamentos sociais ou religiosos?

RAMATÍS: — Já vos explicamos que a Técnica Sideral procurou repetir muitas vezes, através de símbolos diversos, as mesmas ideias, a fim de produzir na visão apocalíptica, projetada na mente de João Evangelista, uma associação alegórica mais ampla, e para que o profeta, no estado de vigília, alcançasse o maior êxito possível na descrição do que via. Por diversas vezes as visões de estrelas, castiçais ou diademas, embora diferentes, têm relação com a mesma ideia, ou seja, algo que projeta luz, que ilumina, que emite reflexos fulgurantes. Devido a isso, há no Apocalipse vários pontos diferentes de identificação do verdadeiro sentido que se deve atribuir à Besta. Esse o motivo por que o profeta ora se refere a um dragão com sete cabeças e dez cornos, ora a uma besta com os mesmos atavios e, às vezes, à serpente, como se vê das seguintes referências: "E eis que era um grande dragão vermelho, que tinha sete cabeças e dez cornos e nas suas cabeças sete diademas" (Apocalipse, 12:3). "E foi precipitado aquele dragão, aquela antiga serpente, que se chama o Diabo e Satanás, que seduz a todo mundo" (Apocalipse, 12:9). "E vi uma mulher assentada sobre uma besta de cor escarlate, cheia de nomes de blasfêmias, e que tinha sete cabeças e dez cornos" (Apocalipse, 17:3). "E o dragão irou-se contra a mulher" (Apocalipse, 12:4). "Vi levantar-se do mar uma besta que tinha sete cabeças e dez cornos, e sobre os seus cornos dez diademas e sobre suas cabeças nomes de blasfêmias" (Apocalipse, 13:1). Essas diversas figuras, embora de aspectos diferentes na sua conformação exterior, abrangem a mesma ideia fundamental: o instinto animal!

PERGUNTA: — Gostaríamos que nos désseis melhores elementos para comprovarmos logicamente que se trata do instinto desregrado. Podeis fazê-lo?

RAMATÍS: — É um tanto estranhável a vossa pergunta, de vez que os vossos espíritos já se condicionaram de tal modo ao vocábulo "besta", como identificador do instinto animal, que considerais as mais baixas paixões e taras hereditárias como sendo consequentes da bestialidade humana. A "besta humana" tem sido o qualificativo máximo que aplicais aos autores de crimes monstruosos ou aos que demonstram perversidade sem propósitos justificáveis! Assim que o homem sentiu os primeiros bruxuleios da angelitude, que demarcou as fronteiras entre o animal e o espírito, escolheu a palavra "besta" para sinônimo de brutalidade. O profeta utiliza-se ainda de outros vocábulos na sua revelação, empregando os de "dragão" ou de "serpente" como representativos das ações bestiais que se praticam no vosso mundo. A serpente — alusão ao espírito satanizado — quando no alegórico paraíso seduz Eva e a faz pecar, é o símbolo da sensualidade e dos indomáveis desejos do instinto inferior. Um dos importantes quadros alegóricos no hagiológio católico é o de São Jorge vencendo o dragão, ou seja, a alma destemida e inspirada pelas energias superiores, a enfrentar o dragão do instinto inferior, que lhe vomita o fogo do desejo, e a lava da luxúria. Entretanto, o símbolo mais perfeito, através do qual se possa identificar o instinto humano animalizado, com o seu cortejo de paixões sensuais e desejos imperiosos da carne, é o sangue. Por isso, João Evangelista emprega várias vezes figuras simbólicas em que predomina a cor sanguínea, sempre que alude diretamente ao instinto humano, que se caldeia sempre através da linfa da vida física, que é o sangue. Diz João: "Eis aqui um dragão vermelho" (Apocalipse, 12:3) ou, então: "E vi uma mulher assentada sobre uma besta de cor escarlate" (Apocalipse, 17:3). Refere-se também ao instinto inferior, numa alusão que parece um tanto confusa: "E o lagar foi pisado fora da cidade, e o sangue que saiu do lagar subiu até chegar aos freios dos cavalos, por espaço de mil e seiscentos estádios" (Apocalipse, 14:20). O apóstolo insiste no simbolismo do dragão vermelho ou da besta cor de escarlate, pondo em destaque essas duas figuras mais alegóricas do instinto humano. Sabeis que esses animais revelam a ferocidade, a ostensividade e o poderio do instinto, quando tomam conta da alma, e que só são vencidos por meio de esforço gigantesco, gerado por uma férrea vontade.

O vermelho, ou escarlate, corresponde à mesma cor psicológica com que no vosso mundo identificais o predomínio da violência animal. E João, no seu simbolismo sugestivo, diz que "o sangue que saiu do lagar subiu até chegar aos freios dos cavalos". Essa figura é facilmente compreensível pelos ocultistas.

Os magos antigos, quando ensinavam aos seus discípulos as relações do espírito com a matéria, empregavam o símbolo corriqueiro de uma viatura puxada por um cavalo sob a direção de um cocheiro. O cocheiro representava o espírito, a inteligência, o princípio diretor; a viatura, o corpo — o princípio movimentado — e o cavalo a força intermediária, o princípio motor, ou seja, o conjunto que hoje o espiritismo denomina de "perispírito". O cavalo, por ter de puxar a viatura e ser mais forte que o cocheiro, precisa de ser controlado por meio das rédeas, que lhe tolhem o desejo de disparar; a princípio, exige contínua atenção para com a sua indocilidade, mas, quando já completamente domesticado, dispensa excessivos cuidados nesse sentido. O cavalo desembestado faz tombar a sua viatura com os choques desordenados, enquanto que o animal dócil é garantia de longa vida para o seu veículo! O perispírito humano, como princípio motor, pode ser comparado, também, a um cavalo pleno de energias, que fica atrelado entre o princípio diretor do espírito e o princípio a ser movimentado nas ações individuais. É um molde preexistente ao corpo carnal e sobrevivente à desencarnação física; é a sede das forças combinadas do mundo material e do mundo astral. Nesse invólucro etereoastral casam-se as energias que ascendem do mundo inferior animal e as que descem do mundo angélico superior; é a fronteira exata do encontro dessas duas expressões energéticas, que ali se digladiam, em violenta efervescência e luta heróica para o domínio exclusivo! O ser humano assemelha-se, então, a uma coluna de mercúrio, pois que fica também colocado entre dois climas adversos, que se defrontam, para a glória do espírito ou para a vitória das paixões inferiores.

O perispírito (ou o cavalo alegórico dos magos antigos), quando negligenciado o seu comando por parte do espírito, indisciplina-se ao contacto com as forças selvagens alimentadas pelo mundo inferior, e então o "sangue" sobe até chegar aos freios do animal! Portanto, aquele que perde o domínio psíquico e se deixa vencer pelas paixões bestiais, da cólera, da luxúria ou da devassidão, está implicitamente incluído na afirmação apocalíptica de que o sangue lhe subiu até chegar aos freios do cavalo!

O reinado da Besta significa também a agressividade do instinto inferior bravio que, no fim dos tempos, chegará a "tomar o freio" — como dizeis quando o cocheiro ou o cavaleiro não pode dominar o animal — subvertendo, portanto, o comando do espírito e pondo em perigo a sua integridade psíquica às vésperas da grande seleção entre o "joio" e o "trigo".

PERGUNTA: — Que dizeis sobre o fato de continuarmos a considerar como demasiadamente lúgubre e atemorizante o livro do Apocalipse?

RAMATÍS: — À medida que as vossas consciências se forem angelizando e libertando dos ciclos reencarnatórios dos mundos físicos, desaparecerá o que atribuís a excentricidades e aberrações no curso da ascensão espiritual. As alegorias, as lendas e os tradicionais tabus atemorizam as mentes infantilizadas porque lhes dão a ideia de um mundo confuso e sobrenatural; mas isso são sequências provisórias da jornada comum.

O homem examina a realidade cósmica através de uma lente deformada pela sua consciência reduzida, e por isso só vê um detalhe do Todo; ignora, em consequência, o maravilhoso processo que produz indivíduos-anjos entre a massa "cósmica-espírito", através de um cientificismo só compreensível ao seu Divino Autor!

O melodrama criado pela incapacidade do entendimento humano em relação à obra de Deus é, ao contrário, uma harmoniosa orquestra de Eterna Beleza, sob a batuta do Regente Criador dos Mundos! Reconhecemos que são atemorizantes para vós as ideias da existência de hordas satanizadas ou de espíritos bestializados, visto que ignorais os objetivos sadios dessas etapas transitórias; para nós, que as conceituamos fora do calendário humano, são apenas fases de fermentações angélicas. Embora tenhamos de entregar-nos a preleções exprobrativas, anatematizando os pecados do vosso mundo, censurando-vos pelo vosso retardamento evangélico e advertindo-vos sobre graves perigos espirituais ante a vossa negligência às vésperas do "Juízo Final", sabemos que, após alguns milênios, ostentareis as asas formosas do anjo ou o diadema fulgente do santo!

PERGUNTA: — Como poderíamos localizar, no Apocalipse, a vitória do espírito sobre a Besta, ou seja, sobre o instinto inferior?

RAMATÍS: — O profeta no-la explica: "E eles o venceram pelo sangue do Cordeiro e pela palavra do seu testemunho, e não amaram as suas vidas até à morte" (Apocalipse, 12:11).

Deveis saber que a renúncia à vida física implica em que se ame a vida para além da morte, ou seja, a vida eterna do espírito. Tanto a Besta quanto o satanismo, como já vos explicamos antes, serão vencidos pela abdicação completa dos bens do mundo material, em troca dos bens do reino do Cristo, que não é deste mundo. O sangue do Cordeiro é o sangue do sacrifício, e os que derem testemunho dele não hesitarão em derramá-lo, à semelhança dos que o fizeram na arena dos circos romanos, crucificados ou decapitados, mas repletos de fé e de amor! Conheceis as sublimes e heróicas atitudes dos primeiros cristãos, que "não amaram suas vidas até à morte", porque amavam a vida para lá da morte! A presença do Cordeiro à luz do vosso mundo, com a vossa integração em seu Evangelho e em contínuo testemunho de alta espiritualidade, é que realmente vos dará a vitória do espírito sobre o reinado da Besta ou de Satanás.

Assim como a presença de Jesus, na carne do vosso mundo, chegou — através do seu divino magnetismo — a serenar a ferocidade de Roma e a fazê-la preferir a paz com os outros povos, desenvolver as artes, as ciências e o trabalho pacífico, também a contínua evocação do seu espírito há de trazer completa modificação sobre o instinto humano.

PERGUNTA: — *Que significa a mulher vestida de púrpura e de escarlate, adornada de ouro, de pedras preciosas e de pérolas, que tem uma taça na mão, cheia de abominação, e imundície, descrita no capítulo 14, versículo 4 do Apocalipse?*

RAMATÍS: — Notai que o apóstolo está aludindo mais uma vez à cor escarlate, que é o símbolo do instinto sanguinário, enquanto que a da púrpura evoca o poderio dos reis e dos sacerdotes, o que significa que o desregramento instintivo dominará e seduzirá todos os poderes e principais setores das atividades humanas, o que já podeis observar no seu crescimento gradual. A predileção pelas pedras preciosas, a vaidade tola adornada de ouro, a escravidão incontrolável ao jogo desregrado, a viciosidade crescente de homens e mulheres entregues ao alcoolismo elegante, os banquetes pantagruélicos, a libidinosidade, o desrespeito mútuo nas famílias de todas as classes sociais, estão bem representados na taça de ouro cheia de abominação e imundície, colocada na mão da mulher apocalíptica vestida de escarlate (índole bestial) e de púrpura (vestimenta tradicional dos poderosos)!

PERGUNTA: — *Poderíamos conhecer qualquer afirmação do Apocalipse que nos possa induzir a maior certeza de que haverá uma prostituição de costumes entre os poderes máxi-*

mos, e quais são esses poderes? A maioria das interpretações sobre a Besta apocalíptica varia conforme a religião ou a índole psicológica dos interpretadores. Os católicos coligiram dados para provar que a Besta é a Reforma do século XVI; os protestantes e diversos espiritualistas costumam relacioná-la com o Clero Católico-Romano. Investigadores mais decididos, dando buscas na numerosofia, encontram o número da Besta nos títulos do Papa! Que nos dizeis a esse respeito?

RAMATÍS: — Não vos esqueçais de que o simbolismo da Besta alicerça-se exclusivamente no instinto humano desregrado, que pode manifestar-se em qualquer latitude geográfica do mundo ou setor de trabalho religioso, filosófico, científico ou social.

Seria injustiça atribuir a relação desse simbolismo exclusivamente para com o Clero Católico-Romano, que é um agrupamento isolado no vosso mundo, significando apenas um conjunto religioso, que não constitui uma maioria nem um predomínio no mundo terreno. A Besta que se fazia adorar representa a parte má de toda classe de sacerdotes, ministros, adeptos, mestres ou instrutores de todos os credos, doutrinas e religiões da vossa humanidade. Há, portanto, que incluir nessa parte má todos os maus clérigos da Igreja Católica, da Budista, da Muçulmânica, da Taoísta, da Israelita, da Hinduísta, da Reformada, mais os responsáveis por milhares de outras doutrinas, seitas e movimentos espiritualistas ou fraternistas, que hajam corrompido os seus ministérios elevados. Cumpre incluir também as instituições que são erigidas para o bem humano, mas que os homens dirigem de modo satanizado ou bestial. Atribuir a uma entidade religiosa, constituída para o serviço crístico, a responsabilidade total pelos atos de alguns de seus agentes desonestos, seria o mesmo que considerar a existência do vinho falso como crime cometido por todos os estabelecimentos que fabricam o vinho bom!

É preciso não olvidar as condições em que João Evangelista escreveu o Apocalipse. Ele não afirma ter visto ou presenciado pessoalmente as cenas descritas, mas declara que foi **arrebatado** em espírito para, quando voltasse a si, escrever em um livro a visão que tivera. Isto acarretou-lhe imensa dificuldade para relatar depois a visão, em estado de vigília, do que teriam decorrido certas confusões nos símbolos percebidos. No entanto, a despeito dessas dificuldades, ele deixou claro que a Besta sempre estende a sua ação às esferas diretoras das principais instituições responsáveis pelos destinos humanos, procurando conduzi-las à invigilância crística. As alegorias apocalípticas devem ser encaradas sempre em relação aos movimentos de maior importância no vosso mundo, porque são revelação de ordem geral e coletiva, do que se deduz que o desregramento imperará com mais facilidade no meio dessas instituições ou esferas de comando da vida no vosso orbe. Cabe a vós descobrirdes inteligentemente aquilo que se ajuste aos conjuntos que o profeta não pôde individualizar com bastante clareza.

Para o vosso entendimento espiritual, a Política, a Ciência e a Religião estão claramente definidas onde se diz: "E eu vi saírem da boca do dragão, e da boca da besta, e da boca do falso profeta, **três** espíritos imundos semelhantes às rãs; estes são uns espíritos de demônios, que fazem prodígios, e que vão aos reis de toda a Terra, para os ajuntar à batalha no grande dia do Deus Todo-Poderoso" (Apocalipse, 16:13,14).

A Besta, representativa da astúcia, dá-nos ideia da **Política**; o dragão, em discordância com a mulher que tinha uma coroa de doze estrelas na cabeça, dá-nos ideia da **Ciência** em desacordo com a Religião, devido ao seu positivismo; o Falso Profeta, que assume a responsabilidade de anunciar a **Verdade**, usando ardilosamente a insígnia dos homens santos, dá-nos ideia da **Religião**, representada pela parte do clero desabusado, sensual e mistificador, de qualquer religião, quando industrializa e trai o pensamento básico de seus inspiradores, seja o de Jesus, seja o de Buda ou de Maomé! São os que colocam a Verdade, adornada de ouro e de pedrarias preciosas, nos templos gélidos, cercados de famintos e desnudos.

O Dragão, a Besta e o Falso Profeta soltam de suas bo cas três espíritos imundos; espíritos de demônios, que fazem prodígios e que vão aos reis de toda a Terra. Aqui, para nós, o profeta reúne em seu enunciado **três** instituições de poderes e prestígio consideráveis, no vosso mundo: Política, Ciência e Religião que, desavisados, podem produzir em seu seio os agentes subvertidos da malignidade, da corrupção e da hipocrisia e que, para a humanidade ignara, operam prodígios! A **Política** consegue colocar nos postos administrativos do mundo um agrupamento de homens desregrados, especialistas no furto patrimonial e exclusivamente à cata da fortuna fácil; a **Ciência**, anticrística, desgasta os seus gênios para atender à corrida infernal em favor das guerras fratricidas, na fabricação da metralha assassina e das bombas desintegradoras; a **Religião**, através de uma parte de seus sacerdotes, ministros ou doutrinadores, transforma-se em mercado, negociando à semelhança dos fabricantes de panaceias curativas!

João Evangelista refere-se, também, às instituições de influência geral no mundo, que, para sobreviverem a contento de seus apaniguados, muitas vezes se rebaixam para servir aos poderosos, aos interesseiros e aos reis do mundo. O apóstolo diz textualmente: "Eles vão aos reis de toda a Terra, para os ajuntar à grande batalha do grande dia do Deus Todo-Poderoso", isto é, tornam-se servis e se comprometem a praticar ações menos dignas, desde que esses detentores do poder lhes garantam a existência confortável no comando das massas e dos tolos! Basta um punhado desses homens abomináveis em cada um desses conjuntos, para que fique tisnado o caráter digno de uma instituição organizada para o bem humano. Na Política, buscam os votos do eleitorado e depois dilapidam o patrimônio público; na Ciência, empregam a cerebração genial no desenvolvimento da indústria bélica para a destruição em massa; na Religião, a esperança do céu é vendida a título de mercadoria imponderável!

No Apocalipse, os agentes nefastos da Política, da Ciência e da Religião são apresentados sob a alegoria de três espíritos imundos **semelhantes às rãs**, porque esses homens abomináveis se parecem com os reptis asquerosos, do charco, visto que, devido à pele escorregadia que lhes dá a proteção desonesta, escorregam e escapam das mãos da Justiça!

PERGUNTA: — Gostaríamos que interpretásseis, ao vosso modo de ver, um trecho do Apocalipse, despido do seu envoltório dramático, e que se referisse mais diretamente aos acontecimentos do "Juízo Final". Estamos pensando no capítulo 16, versículos 18 e 21, que parecem conter revelação relacionada com a nossa pergunta. Vamos lê-lo: — *"Logo sobrevieram relâmpagos, vozes e trovões, e houve um grande tremor de terra, tal e tão grande terremoto, qual nunca se sentiu desde que existiram homens sobre a terra. E caiu do céu sobre os homens uma grande chuva de pedra, como do peso de um talento; e os homens blasfemaram de Deus, por causa da praga de pedra, porque foi tão grande em extremo". Podereis fazê-lo?*

RAMATÍS: — Consideramos dificílimo dar-vos uma interpretação plenamente satisfatória para o vosso entendimento "terra-a-terra", embora os textos indicados sejam claríssimos quando examinados à luz espiritual. Sob esse simbolismo anacrônico ocultam-se perfeitamente as consequências da verticalização do eixo da Terra, quando chegado o "Juízo Final", dando a entender perfeitamente que se trata de um acontecimento de ordem geral, no vosso globo.

A crescente evaporação do gelo, nos pólos, em consequência do aquecimento da temperatura, que já se vai tornando cada vez mais tropical no planeta, cria impressionantes camadas de nuvens, pejadas de carga elétrica da água salina. Os relâmpagos, os trovões e as vozes humanas casar-se-ão nas horas temerosas. As profecias costumam dizer que "os brados de dores do homem serão ouvidos nos quatro cantos da Terra". Evidentemente, ante a existência do rádio, da televisão e do telégrafo, todos os acontecimentos dos fins dos tempos serão descritos, filmados, irradiados ou televisionados imediatamente, cumprindo-se essas profecias. A prova de que se trata, indubitavelmente, de uma catástrofe geral, atingindo portanto o globo todo, encontra-se nas seguintes palavras de João, que há pouco lestes: "E houve um grande tremor de terra, tal e tão grande terremoto, qual nunca se sentiu desde que existiram homens sobre a terra", ou seja, um geral movimento sísmico, decorrente da elevação do eixo terráqueo.

Ainda afirma o evangelista: "E a grande cidade (a Terra) foi dividida em três partes" (Apocalipse, 16:20), completando

O Apocalipse – Os tempos são chegados   65

seu pensamento: "E toda a ilha fugiu, e os montes não foram achados" (Apocalipse, 22:13). Ele descreve as principais modificações que sofrerão os oceanos Pacífico e Atlântico, com as emersões da Lemúria e da Atlântida, que formarão então extensa área de terra, do que resultará a existência de apenas três continentes, para melhores condições de existência da humanidade futura. E a grande cidade, isto é, a superfície do vosso globo, ficará dividida em três partes.

Depois, o Evangelista prediz com perfeita exatidão o que acontecerá após o terremoto, quando as paisagens familiares e conhecidas não serão mais encontradas, naturalmente por terem sido substituídas por aspectos novos: "E toda a ilha fugiu e os montes não foram achados".

As estranhas mutações no clima costumeiro da Terra, provocadas pelo degelo contínuo e pela influência magnética do astro intruso, culminarão na produção de chuvas de pedras, "como do peso de um talento".

E diz mais o profeta: "E as cidades das nações caíram, e Babilônia, **a grande**, veio em memória diante de Deus, para lhe dar de beber o cálice do vinho da indignação e da ira".

Quer isso dizer que as terras submergiram devido à elevação gradual do eixo, e Babilônia, **a grande** (a humanidade desregrada), veio em memória, isto é, apresentou-se para julgamento com a memória de seus atos, pecados e virtudes, desregramentos e sublimações, perante Deus, para a seleção à direita ou à esquerda do Cristo, na separação já prevista.

Os habitantes da Terra terão, portanto, de prestar contas de todos os seus atos e ser responsabilizados pela semeadura realizada nas reencarnações passadas; hão de submeter-se ao "Juízo Final", a fim de serem situados carmicamente nos mundos que lhes são afins com o grau espiritual de então.

Na verdade, não serão propriamente a "indignação e a ira de Deus" que hão de cair sobre os faltosos, mas simplesmente o efeito, a consequência das infrações destes à Lei da Evolução. Não se trata de corretivo que possa ser levado à conta de injustiça ou vingança divina contra a ignorância humana, porquanto Jesus, o Sublime Legislador, já vos estabeleceu o roteiro certo para a vossa salvação. Só o deliberado desprezo para com esse Código Evangélico, que o Cordeiro exemplificou vivamente até ao seu sacrifício na cruz, é que exige os recursos dolorosos da retificação espiritual. Não é Deus que julga o homem submetendo-o a acessos de sua ira ou indignação; é a criatura humana que escolhe entre a Lei do Amor — pelo sacrifício e renúncia aos gozos provisórios da carne — e a Lei da Justiça, que o reajusta compulsoriamente para gozar da Felicidade da qual se desviou!

PERGUNTA: — Quais são as características que revelam definitivamente a presença da Besta em nosso mundo?

RAMATÍS: — A sua presença no vosso mundo é indubitável, visto que se está cumprindo entre vós esta profecia: "O que está em cima ficará embaixo, e o que está embaixo ficará em cima".

É o momento em que os costumes, as convenções e as tradições comuns, que demarcam o pudor e a honestidade, se inverterão, sendo levados à conta de concepções obsoletas e de preconceitos tolos, diante da pseudo-emancipação do século. Sob rótulos pitorescos e terminologias brilhantes, as maiores discrepâncias de ordem moral são aceitas como libertação filosófica ou nova compreensão da vida!

Para os realistas do século atômico, emancipação significa libertação do instinto inferior, com o cortejo de sensações animais, que se disfarçam sob o fascínio do traje e dos cenários da civilização moderna. Multiplicam-se então os antros do prazer fescenino e do jogo aviltante; proliferam as indústrias alcoólicas; desbraga-se a carne moça recém-saída da escola primária; proliferam os costureiros especialistas em ressaltar os contornos anatômicos femininos; enriquecem-se os fotógrafos dos ângulos lascivos da mulher; rompem-se os laços íntimos da família no conflito dos bens herdados; os desgraçados sofrem fome na vizinhança dos banquetes aristocráticos do caviar ou do faisão importado, as mulheres pobres tremem de frio diante dos casacos de pele de elevadíssimo preço, ostentados por mulheres sobrecarregadas de jóias raras! Pouco a pouco odeia-se o trabalho, pois a fortuna se consegue mais facilmente a golpes de desonestidade; desconfia-se da reli-

O Apocalipse – Os tempos são chegados   67

gião, porque os seus instrutores fazem do templo uma casa de negócio e o contacto com os ricos lhes rouba o tempo para atender ao pobre! O mundo se povoa de cassinos, boates, antros de tolerância que se instalam em promiscuidade com as residências de pessoas dignas; surgem os estádios faraônicos, mas apodrece o vigamento do hospital edificado à custa de esmolas; aumenta o comércio do livro obsceno e negocia-se a carne da mulher seduzida pela vida fácil! A verdadeira beleza do espírito perde o controle estético dos objetivos superiores; aumentam os frigoríficos, as charqueadas e os açougues-modelo, para matança organizada do irmão inferior, que é enlatado e servido sob os mais pitorescos cardápios; aumenta a carga dos prostíbulos e pede-se a construção de mais penitenciárias! Enquanto isso, os psicólogos e os filósofos sentenciosos ironizam a "ingênua" beleza da moral apregoada pelo Evangelho de Jesus e propalam, sob precioso tecnicismo de fascinação aos incautos, que estamos na época de emancipação do homem e de sua libertação dos preconceitos de antanho!

PERGUNTA: — Há quem proteste contra as vossas afirmações, alegando que essas coisas sempre existiram na Terra e que, em certas ocasiões, a degradação moral chegou ao extremo, sem que se considerasse essa degradação como cumprimento de profecias relativas ao fim do mundo. Perguntamos, então, por que motivo só a degradação moral atual é que deve revestir-se de aspecto profético, como preliminar do fim do mundo, ou do "Juízo Final".

RAMATÍS: — Como já explicamos, foram acontecimentos locais, mas atualmente convergem para um acontecimento geral, atingindo, portanto, toda a humanidade. É verdade que só a degeneração de Roma, no passado, ultrapassou a qualquer desregramento imaginado, mas a Besta apocalíptica, que representa um desregramento geral, continua a endereçar o seu convite voluptuoso à vossa humanidade e prevê com êxito a corrupção total dos costumes tradicionais. Um dos mais característicos sinais de que a Besta começa a agir com despudorado cinismo é a volúpia das criaturas em se desnudarem nos folguedos do mundo; iludidas pelo senso psicológico do século eletrônico, confundem a subjetiva ansiedade de desregramento psíquico com a nudez inocente do selvagem e a naturalidade da criança. Quando a nudez começou a imperar desbragadamente em Sodoma, Gomorra, Babilônia e Roma, a Técnica Sideral sabia que isso significava o fim de uma civilização; por isso, o fogo purificador procedeu à benéfica desinfecção do ambiente lúbrico, em que as hordas selvagens funcionaram como retificação dolorosa para com os espíritos também embrutecidos.

O afrouxamento de costumes não deve ser confundido com "falsos pudores", pois deforma a estesia do espírito, arrasa os conceitos evolutivos da moral e os substitui pela imoralidade disfarçada em burlesca filosofia. Mesmo as colônias de nudistas, apesar de glorificadas como profilaxia saudável e tendente à libertação de preconceitos tolos, é estética de mau-gosto! É tão difícil manter a ideia de pureza na naturalidade núdica, tão preconizada por alguns psicólogos terrícolas, quanto convencer alguém de que há beleza natural no contemplar criaturas que cumprem os seus deveres fisiológicos!

Sob o fascínio da Besta, os seres cultuam as maiores aberrações e as elevam à categoria de conceitos de emancipação superior! Infelizmente, as recordações do passado têm-nos provado que "a história sempre se repete" e, atualmente, com maior responsabilidade humana, porque a dissolução de costumes, dos vossos dias, está muitíssimo comprometida devido a já conhecerdes a figura de Jesus e os seus conceitos evangélicos, referentes à castidade e à pureza de sentimentos.

PERGUNTA: — Podeis dar-nos um exemplo mais acessível ao nosso entendimento, quanto à distorção de conceitos morais em nosso mundo?

RAMATÍS: — Antigamente, a desonestidade não encontrava, sob nenhum aspecto, justificativa moral entre os homens. Era considerada um pecado imperdoável, sempre repelido pelo senso comum. Entretanto, a influência continuada da Besta já vos fez localizar aspectos morais dentro da própria imoralidade, e a prova está em que, quando os administradores do patrimônio público são acusados de se locupletarem com os bens da nação, vós os defendeis de um modo extravagante, dizendo que eles "roubam mas produzem". Portanto, dentro da imoralidade que é o roubo, introduzis uma nova moral que justifica o próprio roubo, demonstrando qual a vossa mentalidade atual! Esse é um dos clássicos exemplos da inversão de valores que identifica a sorrateira influência da Besta e a proximidade do profetizado "fim dos tempos". A Besta, em sua figura anticrística e com o seu cortejo de mazelas e impurezas, impõe-vos pouco a pouco o seu domínio, destorcendo a tradição dos conceitos de segurança e de equilíbrio da moral humana! João Evangelista, no Apocalipse, — predisse: — "E foi dada à Besta uma boca que se gloriava com insolência e pronunciava blasfêmias" (Apocalipse, 13:5). Com essas palavras, o Evangelista quer dizer que o ente humano, tornado cínico e insolente, será capaz de proferir blasfêmias à conta de moral superior!

PERGUNTA: — Poderíeis descrever-nos o ambiente moral das cidades que estiveram sob o domínio da Besta, como Babilônia, Sodoma, Gomorra e outras?

RAMATÍS: — Essas e outras cidades destruídas pelo fogo vulcânico, pelos terremotos, ou purificadas de outro modo em seus ambientes contaminados, foram miniaturas bestiais do que serão os próximos acontecimentos gerais a se desenrolarem na Terra. Suas populações já haviam perdido o mínimo senso possível de moral; pairava sobre elas, continuamente, um convite para o sensualismo e o gosto pervertido. A inquietação sexual era constante, e raros eram os que podiam controlar a imaginação superexcitada e dominar as forças inferiores do instinto do animal em cio! Só aqueles que viviam consagrados ao intercâmbio com os valores espirituais do Alto é que podiam escapar ao rompimento dos laços morais da época. As criaturas adivinhavam-se na busca das orgias demoníacas e perdiam o gosto pela vida laboriosa e honesta; as artes descambavam terrivelmente para o obsceno, e os seres repeliam todo e qualquer convite do sentimento de respeito, entregando-se completamente à promiscuidade sexual!

Reproduziam, psiquicamente, a figura tenebrosa da Besta que, qual um espírito-grupo, atuava em corpos sem donos, assumia o seu comando neuropsíquico e instalava neles o veneno da perversão, quebrando os últimos elos de contacto com o Alto! Milhares de criaturas se atrofiavam como que num só corpo instintivo, retardando a sua ascensão espiritual, para se deixarem conduzir docilmente pelo "centro psíquico bestial" que, sediado no astral inferior, impunha a todos uma só vontade desregrada. Nos anais do Espaço ainda se encontram as matrizes etéricas das configurações bestiais que o psiquismo desgovernado imprimiu na atmosfera astral dessas cidades extintas pelos terremotos ou sob o fogo purificador dos vulcões, que dissolveu a substância deletéria, evitando o perigo da aglutinação mórbida definitiva, no mecanismo etéreo e vital humano!

PERGUNTA: — Qual o significado do que diz João Evangelista, no Apocalipse: "E vi uma de suas cabeças como ferida de morte; e foi curada a sua ferida mortal"?

RAMATÍS: — Considerando que as "cabeças" da Besta significam a força perigosa dos instintos animais, quer isso dizer que a Besta foi ferida justamente no seu potencial de ódio, quando o Cordeiro baixou à Terra para pregar o Amor. O sacrifício de Jesus, o martírio dos cristãos nos circos e o dos apóstolos em vários pontos do mundo, renunciando à vida da carne para exaltação do amor, significaram um ferimento mortal na cabeça odiosa da Besta, que promove a separação entre os seres, as raças e as doutrinas. Jesus viera reunir as ovelhas sob o cajado de um mesmo pastor, e por isso nenhuma delas se perderá!

No princípio do Cristianismo a Besta começou, então, a ser tolhida num dos seus mais terríveis instintos animais, do que resultou diminuir o ódio entre os homens que, assim, corriam ao apelo do Evangelho. A força vigorosa que feriu a cabeça da Besta provinha daqueles primeiros seres que seguiam os ensinos do Cristo e que, mais tarde, foram sendo substituídos pelos frades trapistas, os capuchinhos, os bernardinos e eremitas de toda espécie, que percorriam o mundo pregando o amor e convidando o homem a reduzir a sua violência milenária. Era uma mensagem viva, de sacrifício e de pobreza honesta, de dignidade humana e renúncia em favor do próximo, que esses homens traziam sob a inspiração do Cristo! Os Mentores do Alto já se rejubilavam nessa ofensiva crística à Besta, aumentando o número de "direitistas" a se salvarem no futuro exame severo do "Juízo Final". O Cristo ferira de morte uma das cabeças da Besta, justamente a do ódio entre os homens; mas a Besta conhecia a debilidade humana, e tratou de explorá-la, mesmo ferida de morte e ainda exangue, pois encontrara o meio sorrateiro para ser curada em sua ferida mortal! E, em consequência, o Evangelho do Senhor começou a ser olvidado. E a Besta inspirou, então, as sangrentas campanhas das cruzadas e semeou a morte, a dor e o sangue nas campinas verdejantes do mundo, "glorificando-se na insolência e na blasfêmia" porque a solerte mensagem de ódio e de crimes fora justamente pregada em nome do Cristo! E foi curada a sua ferida mortal, pois aquele que a havia ferido de morte, a Besta o invocou perfidamente para acobertar o próprio ódio que semeou sob o disfarce de um falso amor! Graças aos homens invigilantes que inverteram a essência da mensagem amorosa de Jesus, no derrame de sangue supostamente infiel, o ódio disfarçado em amor foi o "unguento" capaz de curar a ferida mortal da Besta e recolocá-la no seu velho cinismo e abominação! A cilada tremenda, a pretexto de que os fins justificam os meios, criara novos estímulos cruéis para o futuro, em nome do Cristo, alimentando novos propósitos daninhos. Então a Besta, restabelecida, inspirou a Inquisição e cometeu os mais bárbaros crimes à sombra dos subterrâneos infectos; Catarina de Médicis matou a torto e a direito os huguenotes, na noite de São Bartolomeu; os protestantes liberais, escorraçados da velha Inglaterra, tornaram-se os "quakers" puritanos, mas também queimaram os novos crentes da Nova Inglaterra! Sob o dossel sublime do Evangelho, inumeráveis crimes têm sido praticados pelos sectaristas fanáticos e pelos instrutores e inspiradores de abominações, cujo ódio "bestial" ainda se disfarça, hoje, pelas tribunas, pelo rádio, pelos jornais, revistas e panfletos separatistas!

Em nome do Cristo, os homens continuam a negá-lo nos templos suntuosos e no luxo nababesco do sacerdócio epicurista, detraindo-o nas mais estúpidas quizilas doutrinárias! As igrejas, os templos, as instituições, as lojas, os centros e agremiações espiritualistas combatem-se não só entre si como no seu próprio seio, preocupadíssimas em pregar um Evangelho exclusivista, a seu modo de ver, como se ele fosse mercadoria de competição na praça! Essas discordâncias, esses caprichos pessoais e blasfêmias religiosas transformam-se em contínuo unguento medicamentoso para curar a ferida da Besta "que tinha recebido um golpe de espada e ainda continuava viva" (Apocalipse, 13:14).

PERGUNTA: — Gostaríamos de conhecer fatos ou coisas que nos despertassem a ideia de quando estamos cooperando para alimentar essa Besta apocalíptica. Podereis indicá-los?

RAMATÍS: — Uma das principais características da insanidade mental que precede ao advento desse reino bestialógico, é justamente a perda de proporção psicológica das criaturas ante a realidade da vida. A Besta exerce tal fascínio — como diz João Evangelista — que as coisas mais berrantes, os atos mais cruéis e as injustiças mais clamorosas são praticados como atos sensatos, valiosos e justos! Há profunda redução no senso lógico da análise comum; as forças inferiores buscam, sorrateiramente, a modificação interior do homem, mas sem golpeá-lo com violência; evitam que ele identifique, de súbito, a nova moral que lhe inculcam. Sob a doce hipnose dos sentidos, a criatura se considera sensata, incorruptível e magnânima, quando já está subvertida, tornando-se desonesta e cruel.

Os homens do vosso século ainda desconhecem o terrível comando psíquico e disciplinado que se esconde atrás de todos os seus atos desregrados, assim como ignoram a trama mefistofélica dos grandes gênios das sombras. Cerebrações maquiavélicas, de intelecto requintado e coração endurecido, que se retardam propositadamente na evolução, esperançados do domínio absoluto no mundo físico, elaboram os mais execráveis projetos de desregramento, para construírem o elo

O Apocalipse – Os tempos são chegados 73

de ligação definitiva entre si. Não há exagero no fraseado do apóstolo Paulo, quando afirma aos coríntios que "Satanás se veste de anjo para arrebanhar as almas incautas", pois esses infelizes agentes das trevas são vezeiros em subverter a aparência dos seus objetivos, lançando a confusão e operando a inversão dos valores no mundo da carne. A qualquer descuido na vida evangélica, se faz logo audível a voz melíflua desses mentores galvanizados no mal, para que o reinado da Besta se propague com êxito! Esses homens deformam o aspecto real das coisas e sabem justificar habilmente o desvio moral daqueles que se pervertem, contemporizando-lhes as consequências, para continuidade no mal. A Besta sabe fazer-se adorada no próprio ambiente santificado; mistifica sob os olhos dos fiéis e afirma-se a medianeira do Cristo, sob cujo nome realiza prodígios e se faz admirar pelos homens! À medida que se estende a hipnose coletiva, sob o magnetismo invisível dos espíritos das trevas, aumenta o número dos seres invigilantes, que então se tornam verdadeiros "marionetes" ou fantoches movidos grotescamente pelos fios comandados pelo cinismo do Além! Os conceitos salutares de uma vida nobre são enfraquecidos em sua moral tradicional, passando a ser considerados como princípios ridículos e ingênuos, próprios de um "misticismo injustificável" no século atômico. Então o psiquismo coletivo, escravo das sensações inferiores da Besta dominante, torna-se o meio satisfatório para que os comandos das sombras possam agir e dissimular-se hipocritamente como representantes do Bem.

PERGUNTA: — Como devemos entender a "perda de proporção psicológica", a que aludistes, em que os atos e as coisas triviais, injustas e pervertidas, são consideradas como coisas sensatas e lógicas?

RAMATÍS: — A perda da proporção ou do senso psicológico, a que nos referimos, é a compreensão cada vez mais subintelectual das coisas; é a contradição para com a verdadeira exigência do século atual; é uma espécie de regressão à infância da humanidade e aos entusiasmos próprios das antigas povoações. A consciência humana começa a ver nas futilidades e nas inutilidades gritantes motivos para demoradas reflexões intelectuais, isto é, deforma-se a visão psicológica, tanto entre os mais humildes, como nas camadas mais altas.

O homem tenta, então, superar a visível falta de imaginação com grotescos arremedos da realidade deformada: confundem-se a pintura, a música, a literatura e o próprio senso filosófico! Um equívoco tipográfico, na impressão da Bíblia, cria uma nova religião; um esgar imprevisto, no teatro, descobre um gênio dramático; uma experiência sem nexo nem sentido, na pintura, estabelece nova escola pictórica; um lugar-comum inexplorado, na literatura, aponta o prêmio tradicional do ano; um distúrbio na sensibilidade do órgão auditivo firma um novo padrão sinfônico; a ociosidade deliberada pode edificar um novo "modus vivendi" filosófico! Embora o senso comum exija primeiro a utilidade e depois a suntuosidade, primeiramente o essencial e depois o acessório, administradores públicos, sob infantil entusiasmo, constroem edifícios exagerados e faraônicos, mausoléus babilônicos, com enfeites tolos, para a gloríola pessoal; representantes do povo apresentam projetos, em linguagem clássica e técnica rebuscada, justificando a verba para o monumento ao "melhor" cão, ao bovino, ou ao "craque" da moda; legisladores, sentindo-se como verdadeiros gênios, pontificam gravemente no sentido de se enfeitar a cidade com extorsivas catedrais de pedra fria, embora subsista o problema angustioso do hospital, do asilo de velhos, do manicômio ou do dispensário de tuberculosos! O reinado da futilidade e a sabedoria acaciana tomam vulto; a moda transforma as mulheres em ingênuas competidoras das velhas índias repletas de penduricalhos, destacando-se a civilizada pelo régio preço dos seus "balangandãs"; o mundo põe de lado os livros culturais e instrutivos, para se compungir na leitura do romance amoroso dos fatos da vida fidalga; noivas principescas rodeiam-se de fortunas conseguidas à última hora, esquecendo-se da família pobre, que empenha a máquina de costura para poder sobreviver; dramatiza-se tragicamente o reumatismo do melhor ator do ano, mas esquece-se a chaga cancerosa do humilde carteiro ou do pobre servente; subvenciona-se com milhões o fausto religioso de um dia, enquanto a fome e a miséria persistem o ano todo! Proliferam os concursos de beleza excêntrica, em que as jovens imprudentes ou ingênuas expõem todas as partes do corpo, para vencer com o melhor pé, tornozelo, coxa, cintura ou busto, até o ridículo mau gosto do "melhor umbigo"!

É a desproporção psicológica do entendimento humano, ao mesmo tempo em que o homem afirma haver atingido o século genial atômico e a inspiração satânica — o império da Besta o domina escandalosamente!

4.
O astro intruso e sua influência sobre a Terra

PERGUNTA: — Por que motivo designais esse astro umas vezes como "intruso" e outras vezes como planeta "higienizador"?

RAMATÍS: — Denominamo-lo de astro "intruso" porque não faz parte do vosso sistema solar, e realmente se intromete no movimento da Terra, com a sua influência, ao completar o ciclo de 6.666 anos. Em virtude do seu magnetismo primitivo, denso e agressivo, ele se assemelha a um poderoso ímã planetário, absorvendo da atmosfera do vosso globo as energias deletérias, e por esse motivo o figuramos também como um planeta "higienizador".[1]

PERGUNTA: — Tendes falado, também, em sua "sucção psicomagnética" como sendo uma outra função do referido astro. Em que consiste essa sucção?

RAMATÍS: — À medida que os espíritos forem desencarnando, serão selecionados no Espaço sob a disciplina profética do "julgamento dos vivos e dos mortos", isto é, dos que já se acham no Além e daqueles que ainda estão na Terra, mas já assinalados pela efervescência do magnetismo nocivo e sintonizado com o do astro intruso. Ele é, como já vos temos dito, o "barômetro" aferidor dos esquerdistas e direitistas do Cristo. O seu papel é o de atrair para o seu bojo etereoastral todos os de-

---
[1] Nota do autor espiritual: - Convém não esquecer que a ação mais importante do planeta "higienizador" é no mundo oculto; a sua aura magnética, em fusão com a aura terrena, então proporcionará o ensejo para a emigração coletiva do "Juízo Final".

sencarnados que se sintonizam com a sua baixa vibração, pois, analogamente às limalhas de ferro quando atraídas por ferro magnético, esses espíritos terrícolas desregrados, denominados "pés de chumbo" — porque realmente estão chumbados ao solo térreo pelas suas vibrações densas — ver-se-ão solicitados para a aura do orbe visitante. Essas entidades atraídas para o astro intruso serão os egoístas, os malvados, os hipócritas, os cruéis, os desonestos, os orgulhosos, tiranos, déspotas e avaros; estarão incluídos entre eles os que exploram, tiranizam e lançam a corrupção. Não importa que sejam líderes ou sábios, cientistas ou chefes religiosos; a sua marca, ou seja, o selo "bestial", está identificado com o teor magnético do planeta primitivo. Eles irão situar-se numa paisagem afim com os seus estados espirituais; encontrarão o cenário adequado aos seus despotismos e degradações, pois o habitante desse orbe encontra-se na fase rudimentar do homem das cavernas; mal consegue amarrar pedras com cipó, para fazer machados! A Terra será promovida à função de Escola do Mentalismo e os desregrados, ou os esquerdistas do Cristo, terão que abandoná-la, por lei natural da evolução. O planeta primitivo é o seu mundo eletivo, porque já lhes palpita sincronicamente no âmago de suas próprias almas; apenas hão de revelar, em nova forma física, as ideias e impulsos bestiais que lhes estão latentes no íntimo.

PERGUNTA: — *Essa atração será violenta?*
RAMATÍS: — Não avalieis as soluções siderais com a pobreza do vosso calendário, porquanto já estais vivendo essa atração. Gradativamente ela se exerce em correspondência com o estado vibratório de cada espírito. Muitos malvados, que têm sido verdadeiros demônios para a civilização terrena, já denunciam em suas almas aflitas e desesperadas o apelo implacável do planeta higienizador da Terra! Legiões de criaturas adversas aos princípios cristãos sentem-se acionadas em seu psiquismo inferior e rompem as algemas convencionais da moral humana, lançando-se à corrupção, à devassidão, ao roubo organizado e ao caos da cobiça. É o momento profético das definições milenárias; todo o conteúdo subvertido do espírito virá à tona, excitado pelo magnetismo primi-

tivo do planeta intruso! É necessário que todos tenham a sua oportunidade derradeira; revelarem-se à direita ou à esquerda do Cristo! E a profética figura da "Besta" do Apocalipse se fará visível, na soma das paixões humanas que hão de explodir sob o estímulo vigoroso desse astro elementar. E, como a Lei é imutável e justa, cada um será julgado conforme as suas obras, pois a semeadura é livre, mas a colheita é obrigatória.

PERGUNTA: — *Muitos que têm lido as vossas comunicações avulsas alegam que é um absurdo o volume de 3.200 vezes maior do que a Terra, que atribuístes ao planeta intruso. A passagem desse astro junto ao nosso planeta, e com tal volume, acarretaria talvez uma catástrofe em todo o sistema solar?*

RAMATÍS: — É que ao captardes o nosso pensamento confundistes o volume áurico do planeta com o seu volume material. Esse volume de 3.200 vezes maior do que a Terra não é referente à massa rígida daquele orbe, cujo núcleo resfriado é um pouco maior que a crosta terráquea. Estamos tratando da sua natureza etereoastral, do seu campo radiante e radiativo, que é o fundamento principal de todos os acontecimentos no "fim dos tempos". É o volume do seu conteúdo energético, inacessível à percepção da instrumentação astronômica terrestre, mas conhecido e até fotografado pelos observatórios de Marte, de Júpiter e de Saturno, cujas cartas sidéreas registram principalmente a natureza e o volume das auras dos mundos observados.

A composição do magnetismo etereoastral desse planeta, em comparação com o mesmo campo de forças da Terra, é indescritível efervescência de assombroso potencial energético, e ultrapassa, então, de 3.200 vezes o mesmo conjunto terráqueo. Inúmeras estrelas que os astrônomos situam no céu variam, tambem, quanto aos seus núcleos rígidos e sua aura otoreoastral que, dotadas muitas vezes de igual volume material, diferenciam-se em milhares de vezes quanto ao volume áurico.

O campo mineral do núcleo rígido do astro em questão é também mais compacto e poderosamente mais radiativo sobre o do vosso planeta. A sua área de ação é muitíssimo maior, quer em sentido expansivo, quer em profundidade magnética.

A sua composição quimico-física supera o potencial energético original do vosso orbe, pois é mundo mais primitivo, qual usina de energias superativadas e em ebulição, enquanto que o magnetismo terrestre já é algo exaurido, na sequência do tempo em que se condensou. Esse poderoso ímã-magneto, que circula sobre um ângulo do vosso sistema solar, em sua aproximação também influi e se combina à aura etereoastral dos outros orbes circunvizinhos da Terra, no conhecido fenômeno de contacto astrológico. Os cientistas atlantes previam a futura influência do planeta intruso sobre o vosso mundo, pois em seus tratados de astrosofia, a serem em breve conhecidos, já diziam que "o juízo da Terra seria assistido pela ronda da roda de Rá", ou seja, pela ronda do globo responsável pelo juízo da Terra em torno do Sol.

PERGUNTA: — *E qual o volume do seu núcleo rígido, ou seja de sua matéria resfriada?*

RAMATÍS: — Não vos esqueçais de que toda profecia apresenta duas revelações: uma que pode ser descrita ao pé da letra e entendível na hora da predição; outra cabalística, que exige certo conhecimento familiar iniciático para ser devidamente compreendida, porquanto só se ajusta a formas ainda desconhecidas, do porvir. A parte interior, iniciática e sidérica, de nossas mensagens, tem sido compreendida pelos que estão familiarizados com o mecanismo velado sob o "Véu de Ísis", mas a realidade científica, que se esconde sob a alegoria incomum — absurda no presente, mas realidade habitual no futuro — cabe realmente à Ciência desvendá-la ao mundo, em seus mínimos detalhes, conforme determina a ética sideral de evolução pessoal da consciência humana. Por esse motivo, não podemos antecipar-nos aos compêndios geofísicos e astrofísicos, nem ao mérito e à aprendizagem das minudências e soluções acadêmicas.

Os profetas assinalaram no passado, e com êxito, que o fogo cairia dos céus, mas coube à ciência humana descobrir as leis e produzir cientificamente o fogo atômico, o qual inegavelmente correspondeu ao que fora dito de modo cabalístico. Os videntes conjeturaram o acontecimento e a ciência concretizou os detalhes. O mérito foi de ambos; um conjunto pensou antecipadamente e outro realizou o pensamento no tempo predito. Do mesmo modo, estamos noticiando-vos o acontecimento em geral e fixando-lhe as bases mais ou menos acessíveis à vossa mente, mas veladas no seu teor importante, visto que fotografamos instantaneamente, na tela astronômica externa do vosso orbe, um fenômeno cuja eclosão ainda é profundamente interior.

O volume de matéria resfriada desse orbe, seus movimentos, velocidade, translação e rotação, são coisas que cabe à ciência terrícola descobrir e anunciar na hora aprazada. Os Mentores mandam-nos delinear o fenômeno em suas linhas gerais e noticiar o mecanismo básico do "fim dos tempos", lembrando aos homens imprudentes que os planos siderais já alcançaram a Terra em sua eclosão astrofísica!

PERGUNTA: — A aura etereoastral desse planeta, 3.200 vezes maior que a aura da Terra, não nos induz a crer que a sua massa rígida deva ser também muito mais volumosa que a do nosso orbe?

RAMATÍS: — Verdadeiramente, o astro intruso é maior do que a Terra, em seu núcleo rígido ou sua massa resfriada, mas não há correspondência aritmética entre os núcleos e auras de ambos. O volume etérico do primeiro é mais extenso ou expansivo, porque também é mais radioativo, no sentido de energia degradada, e mais radiante no sentido de interceptação de energia pura ou livre. Embora seja um globo oriundo da "massa virgem" do Cosmo, com que também se forjou o globo terrestre, ele se situa como um tipo especial à parte, comparado ao vosso orbe, e que variou desde o tempo de coesão molecular, restriamento, volume e distância com que circunavega no seu campo constelar. Inúmeros outros fatores de ordem magnética e interna, só cabíveis na física transcendental, tornam-no dotado de uma aura consideravelmente prodigiosa em confronto com a esfera astroetérea do vosso orbe.

O fenômeno higienizador — repetimos — é de suma importância no mundo interior; processa-se em condições e

O Apocalipse – Os tempos são chegados 81

dimensões incomuns ao vosso atual entendimento. Não podemos afastar-nos, por enquanto, da base essencial destes relatos, em que afirmamos ser o magnetismo o motivo operante dos acontecimentos; um fenômeno de características aparentemente astrológicas, pois é a ciência acadêmica que há de cuidar, em breve, do fenômeno propriamente astronômico.

PERGUNTA: — Porventura esse planeta já não se aproximou da Terra, há 6.666 anos, quando completou a sua órbita, e não teria causado perturbações idênticas às que acabais de citar, ou mesmo perturbações de outra espécie?

RAMATÍS: — Sim; avizinhou-se da Terra, mantendo-se porém um tanto afastado e sem influenciá-la diretamente. No entanto, assim como o vosso sistema solar caminha em direção a um ponto chamado "apex", próximo da estrela Vega, na constelação de Lira, também o sistema de que faz parte esse astro move-se em direção a um alvo determinado. E como ambos os sistemas se transladam, e com velocidades diferentes, além das alterações produzidas pelas oscilações constelares, justifica-se a maior aproximação atual e em seguida maior distanciamento nos sucessivos 6.666 anos futuros.

PERGUNTA: — E não poderá dar-se o caso de esse astro destruir a Terra, com a sua aproximação e influência?

RAMATÍS: — Sim, desde que isso estivesse determinado nos planejamentos siderais organizados há bilhões ou trilhões de anos. Mas esses planejamentos não cogitaram do "fim do mundo" em sua estrutura física, mas de alterações evolutivas em harmonia com o selecionamento espiritual da humanidade.

PERGUNTA: — E esse planeta não há de intervir novamente em nosso sistema quando, após outros 6.666 anos, completar a sua órbita, passando outra vez nas adjacências da Terra?

RAMATÍS: — Como a vida do Universo é em sentido expansivo, lembrando uma explosão cósmica realizada há milhares de milênios, a tendência entre as constelações solares é sempre no sentido de afastamento, motivo pelo qual o vosso sistema também estará mais distanciado do sistema planetário do astro intruso, na sua próxima volta de mais outros 6.666 anos.

PERGUNTA: — *Alguns dos que confiam absolutamente nas ciências consideram como imprudência e inutilidade a confiança em comunicações proféticas dessa espécie. Alegam que devemos esperar sempre pelo pronunciamento da Ciência, que é precisa e coerente, baseada sempre em provas e, portanto, sem perigo de provocar atemorizações prematuras e por vezes infundadas. Que dizeis?*

RAMATÍS: — Entretanto, essa ciência que invocais foi quem, com a sua "precisão e coerência", assustou o mundo em 1910, quando do retorno habitual do cometa de Halley que, na sua órbita de 12 bilhões de quilômetros, surge cada 75 anos no vosso céu astronômico. Não foi o homem comum nem o profeta quem deu o alarme mas foram os próprios astrônomos que afirmavam a possível destruição da Terra pela cauda deletéria do famoso cometa. Asseguravam, alguns, que a atmosfera se tornaria irrespirável; que os rios, mares e lagos sairiam dos seus leitos e as cidades seriam devastadas por tremendas trombas-d"água! Aventou-se "cientificamente" a ideia de a cauda do cometa inflamar o orbe terráqueo e, em consequência de se tratar de afirmações da Ciência, inúmeras criaturas foram tomadas de pânico, umas suicidando-se, outras fugindo para as montanhas, outras doando os seus haveres e cometendo atos ridículos, tudo sob garantia acadêmica! E o vaticínio foi mais desairoso ainda, para a ciência astronômica, porquanto se tratava de um cometa periódico e que desde o ano 240, antes de Cristo, já havia sido observado 27 vezes, não se compreendendo, portanto, o profundo temor até dos próprios cientistas. E apesar da tremenda expectativa o estranho vagabundo dos céus apareceu e retornou pela sua extensa órbita, sem causar o menor dano, levando consigo a sua inofensiva cauda cintilante e prometendo retornar em 1985, a fim de provocar novos sustos à Ciência.

Sem pretender menosprezar o valioso trabalho da Ciência do vosso mundo, citamos esse fato apenas para vos fazer ver que nem sempre podeis confiar na "precisão e coerência" de provas científicas, que também podem situar-se nas mesmas "imprudências e inutilidades" das afirmações prematuras.

PERGUNTA: — *Em face do domínio extenso dos telescópios na tela celeste, alguns estudiosos da astronomia acham que, dado o prazo anunciado para o aparecimento do astro intruso, ele já deveria ter sido focalizado pelos observatórios. Acreditam, por isso, que o mesmo não se aproximará da Terra no tempo previsto, isto é, até o fim deste século. Que dizeis?*

RAMATÍS: — Inúmeras vezes a vossa ciência astronômica tem-se equivocado quanto às suas enunciações definitivas sobre o que se passa na abóbada celeste! Quantas vezes, após terem sido identificadas estrelas como sendo as mais próximas possíveis — como no caso de Alfa, encontrada nas adjacências do Cruzeiro do Sul — são localizados posteriormente novos corpos ainda mais próximos, como as estrelas descobertas na própria constelação de Centauro e uma outra na de Virgem! Não deixa de ser estranho que, em um mesmo espaço astronômico, descubrais estrelas mais próximas, depois de haverdes descoberto as mais distantes! É claro que a ciência sabe tecer hábeis justificativas para explicar, sob leis conhecidas, mancadas tais como a de descobrir o mais longe antes de descobrir o mais perto...

Antigamente, a ciência ironizava os hermetistas, porque ousavam afirmar, em nome da milenária doutrina secreta, que existiam mais planetas além dos sete que eram conhecidos na época. A palavra da ciência oficial tinha-se firmado, para isso, no poderio dos telescópios "moderníssimos" no tempo. No entanto, Netuno e Plutão apareceram posteriormente e contrariaram os severos prognósticos acadêmicos! E ainda surgirão outros três planetas no vosso sistema, a fim de completarem a corte dos "doze apóstolos planetários do Cristo Solar".[2]

Os antigos astrônomos não distinguiam claramente as estrelas duplas e as tomavam como sendo um só corpo lumino-

---
[2] Nota do Revisor - Provavelmente Ramatís refere-se à precariedade da astronomia há um milênio, porquanto os astrônomos modernos, desde o advento de Plutão, já previram a existência de outros planetas em nosso sistema solar. Desse modo, a sua predição é apenas confirmação.

so, porque ignoravam as leis que lhes criavam aspectos reais ou aparentes, que faziam projetar tanto estrelas simples como duplas, ou então as duplas como sendo estrelas simples. No entanto, apesar dessas leis não serem conhecidas, as estrelas duplas continuavam íntegras nas suas expressões binárias, mesmo quando os astrônomos as assinalavam como simples. Posteriormente, apesar da instrumentação científica, ainda mais adiantada, equivocaram-se novamente os cientistas, e de modo completamente oposto: consideravam, então, muitas estrelas simples como sendo duplas, enganando-se outra vez com a falsa aparência provocada pela refração de ótica.

Incalculável número de fenômenos ligados aos astros, estrelas e orbes que rodopiam no quadro comum da visão terrícola do vosso céu ainda vos são desconhecidos, devido à precariedade da vossa instrumentação astronômica e às refrações de ótica. Se há dois milênios tivésseis predito aos velhos caldeus a realidade da atual visão astronômica, com todas as anotações de coordenadas, rotas siderais, planetas, cometas, satélites e asteroides agora descobertos, inegavelmente seríeis tachados de fantasiosos! Assim que a Astronomia solucionar problemas importantes no campo da ótica e da física eletrônica, o planeta intruso será observado através das lentes de profundidade etérica, pois que ainda trafega num campo luminoso inacessível aos atuais telescópios.[3]

PERGUNTA: — Não poderíeis dar-nos, ao menos, o roteiro desse astro, a fim de o situarmos num raciocínio científico? Cremos que assim as vossas mensagens seriam aceitas com mais facilidade. Não é exato?

RAMATÍS: — Não nos cumpre contrariar a disciplina espiritual e anular os esforços da ciência humana, conforme já vos temos dito. Ofertamo-vos fragmentos dos acontecimentos

---

[3] Ramatís deixa claro nesta passagem que o astro intruso ainda não é detectável por trafegar numa faixa cósmica de vibração mais sutil que a do plano físico denso, como é a porção etérica do mundo físico. Lembra o caso da aura etérica humana, que normalmente não é visível – a não ser por quem possua vidência – mas que, após o advento do aparelho de fotos kirlian, tornou-se perfeitamente visível para quem quiser. Os telescópios terrestres, informa ele, precisarão dar um salto de qualidade só possível quando se firmar a existência das demais dimensões da matéria (que as mais avançadas propostas da física atual já estão tangenciando, como na teoria das cordas) para detectar corpos como o astro intruso.

O Apocalipse – Os tempos são chegados

mais importantes e que devem despertar novas reflexões para o momento de severa responsabilidade espiritual que se aproxima. Cumprimos ordens do Alto, que nos manda situarmos as nossas mensagens propriamente no "mundo interior" das criaturas, convocando-as para o reconhecimento urgente de sua conduta perigosamente inclinada para a falange dos esquerdistas do Cristo.

Indubitavelmente, a mais impressionante revelação e o maior fenômeno espiritual até agora configurado no vosso mundo ainda foi a presença de Jesus na carne humana; por isso, embora nos preocupemos com a sequência dos próximos eventos trágicos, procurando explicá-los de modo compreensível às vossas mentes, cogitamos mais seriamente do conteúdo crístico do que mesmo do fenômeno astronômico, pois só o primeiro é que poderá diplomar-vos para as academias superiores do espírito. O nosso principal propósito — mormente nas descrições fenomênicas — nas mensagens que estamos transmitindo, é o de higienizar a vossa alma sob a ação balsâmica não do astro intruso mas do Astro Sublime, que é o Cristo! Os recursos purificadores da Técnica Sideral através do astro intruso poderiam ser dispensados se houvésseis cuidado da transformação do ódio em amor, da crueldade em bondade, do egoísmo em altruísmo, da cobiça em dádiva, da desonestidade em retidão, da hipocrisia em sinceridade, do orgulho em humildade, da vaidade em simplicidade ou da luxúria em respeitabilidade da função procriativa!

Através destes relatos, temos chegado até onde nos permitem os Maiorais dos nossos destinos. Sabemos que muitos não nos entendem, nem tampouco nos favorecerão; mas assim deve ser, porque o nosso escopo não é o de copiar a diplomacia do mundo, quando corteja gregos e troianos. Existem grupos eletivos para as nossas dissertações, assim como há olfato simpatizante para cada espécie de perfume. As afinidades químicas, as atrações entre determinados astros e as efusões de amor entre os seres sempre se processam nos climas eletivos. As nossas mensagens também obedecem à mesma índole e se endereçam simpática e especialmente a um tipo de psiquismo à parte. Esse tipo de psiquismo ultrapassa o período histórico conhecido pela vossa ciência oficial; as suas raízes situam-se desde a Lemúria e compõem a consciência eletiva de milhares de simpatizantes nossos, que já viveram conosco no decorrer dos milênios que já se findaram!

PERGUNTA: — E por que motivo não podeis revelar-nos com absoluta clareza todo o mecanismo desse evento de "fim do mundo", despido do simbolismo, que pode enfraquecer o teor das revelações?

RAMATÍS: — Porque é um acontecimento físico de somenos importância, representando uma ocorrência comum e provisória nos mundos materiais; um meio e não um fim. O importante para vós não é conhecerdes em todas as suas minudências o mecanismo dos acontecimentos, mas sim chegardes à maturação de certos princípios e certo entendimento espiritual, que ainda pedem mais prazo para a sua plena revelação. A técnica espiritual procura primeiramente, através de caminhos opostos, despertar raciocínios gradativos, para depois focalizar a realidade de novas revelações mais altas, que seriam chocantes de início.

Os vossos pedagogos sabem que, apesar de serem lógicos e sensatos os fenômenos do sexo, nem por isso lhes é conveniente, de início, expor claramente a doutrina aos pirralhos, os quais ainda vivem com o cérebro povoado de ideias de fadas e de gênios miraculosos. Inúmeros religiosos dogmáticos e fanatizados por uma fé cega não podem ser violentados, em suas bases mentais costumeiras e ainda imaturas, por meio de revelações extemporâneas para as suas compreensões infantis. Mesmo equivocados quanto à realidade definitiva, convém que prossigam na candura da crença singela, da qual extraem energias benéficas para auxiliar o próximo e os que os seguem na caminhada. O católico que só admite Deus como sendo um velhinho de barbas níveas, envolvido pelas nuvens imaculadas do céu, sentirá o seu coração sangrar, se tiver que substituí-lo pela ideia esotérica e sem forma da Força, Luz, Amor ou Sabedoria!

O terceiro milênio também há de apresentar-vos uma nova expressão da ideia de Deus esposada até o vosso século, motivo pelo qual mesmo os mais avançados espiritualistas

O Apocalipse – Os tempos são chegados 87

hão de sofrer o choque da mudança para o sentido mais real, no entanto sumamente revolucionário perante toda a tradição conhecida! O fim dos tempos, a que nos temos referido, é também portador de renovações mentais que obrigarão a severa deslocação psicológica e filosófica na concepção de Deus.

PERGUNTA: — Porventura não poderá ocorrer um fracasso, quando da passagem do astro higienizador junto à Terra, surgindo daí problemas ignorados ou inesperados para os Mentores Siderais?

RAMATÍS: — Não se trata de acontecimento de última hora, atropelado e passível de surpresa para os mandatários de Deus. As graves consequências dessa aproximação têm muita importância para a humanidade terrícola, enquanto que, para os Engenheiros Siderais, é um fato corriqueiro, já de há muito tempo previsto na consecução do sistema solar, e bilhões de vezes repetido em outros mundos e noutras latitudes cósmicas. É um assunto comum, de fisiologia sideral planetária; para os mentores siderais é rotina no mecanismo evolutivo do "todo exterior", tão natural quanto o é o ritmo do vosso coração em relação às necessidades do vosso corpo físico. Os astros, satélites, planetas, sistemas, constelações e galáxias não estão sujeitos a leis que variem de época para época, mas circunscritos unicamente à disciplina da Lei Perfeita e Imutável do Cosmo. Em toda a Criação, essa Lei organiza e rege, numa só pulsação harmônica e vital, todo o eterno pensar de Deus, e materializa no campo exterior o sucesso do Grande Plano Mental elaborado pelo Divino Arquiteto! É como um relógio de precisão, absolutamente certo e exclusivamente harmônico. Não há ocorrência imprevista nos eventos siderais; tudo é manifestação exata de uma causa alhures já planejada com toda exatidão. Até o mísero pó estelar que esvoaça num viveiro de astros gigantescos é um acontecimento previsto e disciplinado nesse plano cósmico, no qual se eliminam todas as surpresas e equívocos.

PERGUNTA: — Dizem alguns confrades que as leis astronômicas, secularmente comprovadas, desmentem a possibilidade do aparecimento desse astro intruso, salvo em consequência de algum milagre que derrogue as leis conhecidas. Que dizeis?

RAMATÍS: — As mesmas leis que regulam a pressão, a temperatura, a especificação sanguínea ou o eletronismo terráqueo podem contrariar princípios idênticos nos mesmos fenômenos fisioquímicos de Saturno, Marte ou Canopus. As leis de Kepler, Newton e Laplace, exatas e tradicionais no campo astronômico, falham se forem aplicadas para se prever quando determinada estrela irá explodir em certa latitude cósmica ou qual será a sua exata grandeza na habitual classificação astronômica terrícola. Embora sejam leis positivas e logicamente aplicáveis, elas não vos auxiliam a prever, no campo astronômico, a queda de um meteoro ou sequer a eclosão de um cisco estelar!

A passagem do astro intruso também escapa, no momento, à aplicação "ao pé da letra" das vossas leis astronômicas conhecidas e tradicionais. Existe algo a mais, que transcende o absolutismo das leis acadêmicas catalogadas pelo homem, e que no momento só é compreensível a certo grupo de estudiosos dos assuntos extraterrenos. Superando o fenômeno puramente físico ou astronômico, existe determinado "quantum" que só um experimentado cabalista poderá descrever a contento das mentes desconfiadas. Não conseguireis obter ilações satisfatórias nem gráficos absolutos desse trânsito astronômico se lhes aplicardes os moldes comuns e as leis da tradição oficial. É um acontecimento que tem a sua causa mais além da craveira acadêmica do vosso mundo, e só os que têm "olhos de ver" já terão descoberto o que realmente se esconde atrás do "Véu de Ísis", a respeito do astro intruso! A mente humana, ainda demasiadamente atravancada de conceitos acumulados no tempo-terra, como repetidora contínua do puro intelectualismo do mundo, fica impedida, às vezes, de "sentir" normalmente aquilo que ainda não pode "saber".

PERGUNTA: — De conformidade com a disciplina das rotas siderais, esse planeta não influi, também, sobre os demais corpos do sistema solar?

RAMATÍS: — A sua influência, como já tivemos ocasião

de dizer, será profundamente magnética, tangendo um ângulo do sistema solar. O seu volume astro etérico, 3.200 vezes maior que o da Terra, há de provocar alterações nos satélites do Sol, na razão direta de suas velocidades, rotas, volumes e idades siderais, mas somente em relação às suas potências magnéticas e durante o tempo em que permanecerem no ângulo de sua incidência. É óbvio que Mercúrio, com a sua órbita de 88 dias em tomo do Sol, sofrerá influência diversa da de Júpiter, que exige 12 anos para o circuito total, ou da de Plutão, que o faz em 250 anos. Pela Administração Sideral estão previstas todas as modificações que devem ocorrer no sistema solar, em perfeita analogia com as alterações comuns e periódicas doutros sistemas adjacentes. Os planos da Engenharia Sideral desdobram-se gradativa e disciplinadamente, aprimorando sistemas de sóis e mundos que balouçam na rede do Universo em ritmos e oscilações cósmicas que escapam aos vossos sentidos e compreensão. Mas é de lógica comum que esse astro não realizaria tal curso profético visando unicamente as modificações da Terra, que não passa de um corpo de menor importância no sistema planetário!

PERGUNTA: — Dissestes há pouco que a humanidade terrena está atraindo coletivamente o psiquismo agressivo do planeta intruso, fixando-o na capacidade pessoal de cada ser. Poderíeis dar-nos um exemplo para melhor entendermos como se processa essa interceptação ou aprisionamento da ação do astro?

RAMATÍS: — É um fenômeno que pode ser apreciado sob mil modalidades diferentes. Essa interceptação fisiopsíquica que um orbe ou uma humanidade efetua no seio do éter-cósmico, varia de conformidade com as condições de seu progresso sideral. Enquanto os terrícolas, mergulhados no mesmo éter cósmico, situam energia na faixa vibratória que ainda é magnetismo ou energia degradada, os marcianos, com o mesmo éter, podem penetrar profundamente no fenômeno, e lidam, então, com o magnetismo etérico, uma forma ainda mais pura desse éter-cósmico. Eles já conseguem transformar a luz em energia!
A vossa ciência trabalha com energia que se liberta con-

tinuamente e exige dificultoso aparelhamento para interceptá-la a contento econômico, visto que aprisiona essa energia depois de produzida ou degradada. Os marcianos, os jupiterianos, os saturninos, conseguem lidar com a energia no seu descenso vibratório, original, isto é, na sua forma realmente positiva e energética que, embora com abaixamento vibratório, é de índole impulsiva e não eclosão eletrônica consumível.

Servindo-nos de um exemplo corriqueiro, dir-vos-emos que a luz é sempre uma vibração única, no sentido de sua pureza iniciática; mas, conforme a capacidade dos que a recepcionam ou interceptam, torna-se luz intensíssima, forte, média ou fraca. Enquanto o homem se debate nas trevas, o gato enxerga no escuro, porque alcança menos de 16 vibrações por segundo; e a luz fraca, para o ser humano, já é intensa para o gato. No extremo da faixa vibratória da luz, o homem se ofusca acima de 20.000 vibrações por segundo, enquanto que essa luz é ainda fraca para a multiplicidade de insetos dos climas límpidos e equatoriais. A luz é sempre a mesma em sua fonte original; existiu antes do vosso orbe e existe como uma só expressão atuante, variando apenas quanto ao ser ou objeto que a intercepta e ajusta na dosagem que lhe é apropriada.

Considerando que o astro de que tratamos é um "quantum" de energia agreste, primitiva e estimulante, os habitantes da Terra irão interceptá-la conforme a sua maior ou menor resistência psíquica no treino da vida. Enquanto um Francisco de Assis, sob essa mesma influência, dosá-la-ia como "vitalidade virgem", que só lhe atuaria no dinamismo do trabalho a favor do próximo, uma alma tipo Nero encher-se-ia de ânimo e de audácia para vencer qualquer escrúpulo contemporizante de uma ação má.

PERGUNTA: — Como poderemos entender que um planeta de magnetismo agressivo e primário possa trazer benefícios à aura da Terra, figurando como um higienizador? A sua aura nefasta não poderá trazer piores estímulos para a humanidade aqui encarnada? Se uma conjunção como a de Saturno, Marte e Júpiter há produzido efeitos salutares, a presença de um orbe dessa natureza não causará intenso prejuízo ao nosso mundo?

RAMATÍS: — Simbolizai esse astro num gigantesco aspirador magnético que deve efetuar a absorção dos detritos mentais que povoam e obscurecem a atmosfera etereoastral da Terra, detritos esses que servem de barreira às influências benéficas dos bons espíritos sobre o vosso mundo, assim como a poeira nas vidraças dificulta a penetração dos raios solares.

Refleti que a verdadeira profilaxia num porão cheio de detritos imundos exige primeiramente a retirada do monturo e não a saturação improdutiva do ambiente por meio de perfume. As substâncias deletérias aderidas às vidraças não serão removidas com água destilada, mas requerem a aplicação de ácidos corrosivos; a madeira bruta e eriçada de fibras exige, para ser polida, a lixa vigorosa e não a doçura da "boneca" de algodão do envernizador. São os golpes de cinzel, do ourives, e não a sua carícia, que rompem a crosta do cascalho e o transformam em cobiçado brilhante. O exorcismo a distância não drena o tumor que está exigindo o bisturi do cirurgião, assim como a nódoa do vestuário só desaparece com o concurso da soda cáustica!

Se a conjunção de Marte, Saturno e Júpiter devesse higienizar definitivamente o psiquismo e o astral da Terra, nenhum momento seria tão propício para tal como aquele em que se deu a sua perfeita conexão com a descida de Jesus. Se o vosso mundo não se higienizou mental e espiritualmente, naquela época, diante da prodigalidade de auxílio das forças angélicas aliadas ao magnetismo daqueles orbes, também não o conseguiria com mais êxito nesta hora grave do "Juízo Final". O vosso orbe rejubilou-se com a presença desses planetas, porque eles exsudavam magnetismo benfeitor; mas, assim que se afastaram das coordenadas astromagnéticas da conjunção, que incidiam sobre a crosta terrestre, a vossa humanidade passou a entregar-se novamente às suas mazelas costumeiras.

O problema, pois, não é o da boa influência, que apenas protelaria, em improdutivo hiato, o conteúdo psíquico subvertido e latente, mas sim o da higienização e, consequentemente, a varredura ou a "sucção" do magnetismo estagnado e deletério da aura da Terra.

O homem terrestre subestimou demais o régio presente da transfusão de Luz e Amor do Cristo às trevas humanas, rejeitando a maravilhosa profilaxia que limpa todos os pecados e afasta as paixões desregradas; inegavelmente, candidatou-se à terapêutica do magnetismo cruciante do planeta higienizador, como quem se sujeita à ação do nitrato de prata para cauterizar as suas chagas rebeldes.

PERGUNTA: — *E como poderíamos avaliar o processo através do qual os terrícolas despertarão em seu psiquismo a natureza magnética inferior do astro higienizador?*

RAMATÍS: — Essa natureza está latente em todos os seres, de vez que é a própria paixão animal que serve para plasmar os organismos da estrutura humana. Ela serve de base para o crescimento da consciência do homem, assim como o caule selvagem é o fundamento para germinação da planta superior que lhe é enxertada. Na rosa fragrante, o perfume é o mundo superior que ela consegue atingir através do seu próprio esforço; no entanto, as forças que a auxiliam nesse divino quimismo vêm exatamente do monturo ou dos detritos que lhe adubam as raízes!

Em consequência, essa energia telúrica do mundo inferior está sempre viva no psiquismo humano e, através também dos ancestrais hereditários, ela se reaviva na psique reencarnada, cumprindo a esta dominá-la ou sublimá-la para fins superiores.

O planeta intruso é um vigoroso "detonador" psíquico do regime dessas forças agrestes que ainda dormitam na alma humana; é ele que ateia o fogo definitivo para o reinado desregrado da Besta! A sua aura, que é totalmente força magnética atrativa pelo campo etereoastral, atuará nas zonas invisíveis também astroetéricas de todos os seres, acordando-lhes o gosto e as tendências animalescas. A sua própria órbita, de 6.666 anos, é dotada do número místico da Besta, e que já foi compreendido no seu verdadeiro sentido pelos que "têm olhos para ver".

PERGUNTA: — *O astro que se aproxima absorverá todo o conteúdo deletério da Terra e, também, o total de entidades*

O Apocalipse – Os tempos são chegados   93

diabólicas que flutuam no seu astral?
RAMATÍS: — Não há privilégio nem discrepância na angelização do espírito criado por Deus. A Lei funciona com absoluta equanimidade e sob imutável sabedoria, através da qual Deus providencia a felicidade de seus filhos; não há injustiça nem proteção à parte, que lembrem os recursos políticos do vosso mundo. Os Mentores Siderais não praticam violências ou desforras contra as almas rebeldes, pois sabem que se trata de um estado natural em relação com o grau evolutivo do espírito humano a caminho da renovação superior. Os diabos de hoje serão os anjos de amanhã, e estes já foram os rebeldes do passado! O astro que vos visitará só há de absorver a porcentagem de magnetismo deletério terráqueo que vibrar com ele; as almas serão então atraídas, pouco a pouco, para a sua atmosfera agressiva e primária, mas na conformidade individual eletiva para essas faixas vibratórias.

É a própria lei de atração entre os semelhantes e de correspondência vibratória que há de selecionar a cota do magnetismo inferior terráqueo em transfusão para o planeta intruso; assim que diminuir o conteúdo astral inferior, em torno da Terra, ir-se-ão reduzindo também as possibilidades de ação e de energismo nutritivo aos espíritos que ainda se alimentam do magnetismo inferior.

PERGUNTA: — Pressupomos, então, que os remanescentes terão que sofrer a ação de certa porcentagem de magnetismo coercitivo, que há de restar após a passagem do planeta. O astral do nosso mundo não ficará contaminado com uma certa parte do magnetismo inferior daquele astro, após essa passagem?

RAMATÍS: — O anjo não é um autômato guiado por fios invisíveis, mas o produto do esforço próprio, sem que se anule, portanto, o estímulo ascensional ante qualquer intervenção extranatural do Alto. O fenômeno da sucção incessante e gradativa, por parte do astro, não elimina "ex-abrupto" o ensejo das renovações, as quais ainda pertencem à responsabilidade pessoal dos próprios escolhidos para a direita do Cristo. Os que reencarnarem na Terra, no terceiro milênio, como candidatos a planos celestiais, não ficarão metamorfoseados em "anjos imaculados", apenas porque seja higienizada certa porcentagem magnética do ambiente em que terão de viver. Eles serão escolhidos e agrupados pelas tendências simpáticas ao Cristo, mas terão que buscar a sua completa purificação sob as disciplinas costumeiras das vicissitudes naturais do mundo físico e também de conformidade com o restante dos seus débitos cármicos. Cumpre-lhes o esforço heróico e pessoal para vencerem definitivamente o gosto pela vida da carne e merecerem a verdadeira vida, que é a consciência do espírito no mundo crístico.

5.
Os que migrarão para um planeta inferior

PERGUNTA: — Podeis dizer-nos qual a quantidade aproximada de espíritos que serão transferidos da Terra para o planeta inferior que se aproxima do nosso mundo?

RAMATÍS: — Segundo prevê a Psicologia Sideral, deverá atingir a dois terços da vossa humanidade o total dos espíritos a serem transferidos para o astro de que temos tratado. A esses dois terços ainda serão acrescentados os que deverão ser selecionados, no Espaço, entre o conjunto dos espíritos que sempre sobejam nas reencarnações, para então se efetivar a melancólica caravana dos "esquerdistas" do Cristo.

Os profetas assinalaram essa porcentagem sob vários aspectos e cada um conforme a sua possibilidade de entendimento dos símbolos que lhes foram apresentados na tela astral. Destacamos, principalmente, os seguintes prognósticos: "E serão deixados poucos homens" (Isaías, 24:6). "Duas partes dela serão dispersas e perecerão; e a terceira parte ficará nela. E eu farei passar esta terceira parte pelo fogo", ou seja, a parte da "direita" do Cristo, a ser purificado (Zacarias, 13:8,9). "E a terça parte das criaturas que viviam no mar, morreu, e a terça parte das naus desapareceu" (Apocalipse, 8:9), em cujo simbolismo se percebe que dois terços dos habitantes da Terra devem desencarnar em consequência de inundações ou de naufrágios.

PERGUNTA: — Esses dois terços de habitantes da Terra serão desencarnados violentamente, para serem encami-

nhados ao planeta inferior?

RAMATÍS: — Jesus disse: "E serão julgados os vivos e os mortos", isto é, os encarnados na Terra e os desencarnados que se situarem nas adjacências da Terra. Esse julgamento já se está processando, pois não será efetuado de modo súbito, mas obedecendo a indescritível mecanismo que não podemos descrever na exiguidade destas comunicações. Muita gente que está desencarnando atualmente ainda poderá reencarnar-se, voltando ao vosso mundo para submeter-se às provas mais acerbas na matéria e revelar-se à direita ou à esquerda do Cristo; no entanto, muitos estão partindo atualmente da Terra em tal estado de degradação, que a Direção Sideral terá que classificá-los, no Além, como exilados em potencial, dispensados de novos testes!

Sem desejarmos copiar o prosaísmo do mundo material, podemos afirmar que há um processo de classificação automática, nos planos invisíveis, que revela e comprova as reações do psiquismo dos desencarnados, em perfeita conexão com o princípio crístico ou então com o modo de vida bestial que ainda é predominante no orbe intruso.

Diariamente se agravam as condições mentais no vosso mundo, conforme já podeis verificar sem qualquer protesto ou dúvida. Ante a verticalização lenta, mas insidiosa e que já se manifesta na esfera interior, faz-se a perfeita conexão entre a degradação humana e a comoção terráquea; orbe e morador sentem-se sob invisível expurgação psicofísica! Até o final deste século, libertar-se-ão da matéria dois terços da humanidade, através de comoções sísmicas, inundações, maremotos, furacões, terremotos, catástrofes, hecatombes, guerras e epidemias estranhas. O conflito entre o continente asiático e o europeu, já mentalmente delineado entre os homens para a segunda metade do século, com a cogitação do emprego de raios incendiários e da arma atômica, comprovará a profecia de São João, quando vos adverte de que o mundo será destruído pelo fogo e não mais pela água.

Em virtude de os cientistas não poderem prever com absoluto êxito os efeitos de vários tipos de energias destrutivas, que serão experimentadas para serem empregadas na hecatombe final, mesmo no período de Paz e com o mundo exausto, surgirão estranhas epidemias, deformando, diluindo e perturbando os genes formativos de muitas criaturas, do que resultarão sofrimentos para as próprias gestantes! O evangelista Mateus (XXIV — 19) registra essa hora, anunciada por Jesus, para os dias de grandes aflições no final do século que viveis: "Mas ai das mulheres que estiverem pejadas naqueles dias" (Mateus, 24:19).

PERGUNTA: — Mas essa reencarnação de espíritos terráqueos em planeta inferior não implica em involução?

RAMATÍS: — Quando os alunos relapsos não conseguem assimilar as suas lições, seja por negligência, rebeldia ou desafeição para com os pais, são porventura contemplados com promoções para cursos superiores aos quais não fazem jus? Ou vêem-se obrigados a repetir o mesmo curso, recomeçando novamente a lição negligenciada? As almas exiladas da Terra para um mundo inferior não involuem, mas apenas reiniciam o aprendizado, a fim de retificar os desvios perigosos à sua própria Felicidade. Após se corrigirem, hão de regressar à sua verdadeira pátria de aprendizado físico no orbe terráqueo, que se tornará escola de mentalismo, para cujo desiderato a Técnica Sideral exige o sentimento aprimorado.

Aqueles que ainda invertem os valores das coisas mais santificadas para o seu exclusivo prazer e desregramento, de modo algum poderão desenvolver o poder mental na aplicação das forças criativas. Ante a proximidade do Milênio do Mentalismo, a seleção se faz urgente, porquanto as condições educativas terrenas vão permitir que o homem desenvolva, também, as suas forças íntimas, para futuramente situar-se na posição de cooperador eficiente do Onipotente. Se os "esquerdistas" da vossa humanidade ficassem com direito a viver na Terra, no terceiro milênio, em breve seria ela um mundo de completa desordem, sob o comando de geniais celerados que, de posse das energias mentais, seriam detentores de assombroso poder desenvolvido para o domínio da vontade pervertida! Os maiorais formariam uma consciência coletiva maligna e invencível pelo restante, que se tornaria escravo desse torpe mentalismo! Seria uma execrável experimentação científica contínua, de natureza mórbida, uma degradação coesa e indestrutível sob o desejo diabólico, como se dá com certos magos que hipnotizam o público no teatro e submetem grupos de homens à sua exclusiva direção mental! Por isso serão separados imediatamente os candidatos ao diabolismo terrestre, evitando-se que se repita o acontecido na Atlântida, onde os magos-negros, da organização da "Serpente Vermelha", conseguiram açambarcar as posições-chave da coletividade. A fim de desalojá-los de sua posição perigosa e salvar a integridade moral dos bem-intencionados, o Espaço teve que empregar exaustivos e severos recursos incomuns, que pesaram na economia e no equilíbrio magnético e psicológico da época. A terapêutica sideral não mais podia ser contemporizada; o ambiente estava impregnado de terrível energia que, na forma de um "elemental virgem", agressivo e destruidor da matéria fina, era utilizado discricionariamente para fins nefandos. Então os Mentores Siderais fizeram reverter essa energia sobre a crosta do orbe, numa operação que diríamos de "refração" sobre os próprios agentes de todos os matizes, que a manuseavam. Os atlantes, em sua maioria, passaram então a funcionar como "captadores" vivos das forças deletérias em liberdade e que manuseavam à vontade; mas incorporaram nos seus veículos astroetéricos a quantidade correspondente a cada culpa belicosa ou uso desregrado, tornando-se portadores de uma carga nociva, do elemental tosco, primitivo, imune à medicação comum.

O resultado disso a vossa humanidade ainda está sofrendo, pois esse elemental, essa energia agressiva, lesiva à matéria mais fina, e profundamente corrosiva, está sendo expurgada pelos corpos físicos na forma confrangedora conhecida pela patogenia cancerosa. O câncer identifica ainda os restos dessa substância virulenta do astral inferior, que foi utilizada com muita imprudência por parte dos atlantes, acarretando um "carma" que deverá durar até o princípio do terceiro milênio e cuja "queima" está sendo apressada pelo Espaço, motivo pelo qual aumentam atualmente os quadros mórbidos do câncer.

PERGUNTA: — Sentimo-nos horrorizados em face dessas reencarnações de espíritos terrestres como futuros filhos de homens das cavernas. Não há injustiça nessa retrogradação?

RAMATÍS: — Desconheceis, porventura, as chamadas reencarnações expiatórias em vosso próprio ambiente terrestre? Considerais involução ou retrocesso o fato de antiga alma de orgulhoso potentado, daninho à vida comum, reencarnar-se na figura do mendigo pustuloso? Ou o caso do notável escritor cuja pena foi insidiosa, fescenina e degradante, que se reencarna na forma do imbecil, para a chacota dos moleques das ruas? Ou ainda o espírito do ex-atleta, que abusava da sua força física e que regressa ao mundo das formas na figura de um molambo de carnes atrofiadas? Há injustiça ou retrogradação, quando o fluente orador do passado, cuja palavra magnetizava os incautos e seduzia os ingênuos com falsas promessas políticas, retorna à Terra como a criatura gaga, ridícula e debicada por todo mundo?

Vós considerais que o ambiente de um planeta inferior significa um retrocesso para os terrícolas, porque ficarão sujeitos a condições de vida inferiores; no entanto, tendes entre vós os cegos, os dementes e os psicóticos de todos os matizes, que já viveram existências sadias e conscientes, em vidas anteriores, e que não se queixam do ambiente em que se encontram. É que ignoram se já tiveram ou não vida melhor, assim como não podem dar notícias de si mesmos. Quantos artistas, filósofos, inquisidores, cientistas, imperadores, rainhas, religiosos e conquistadores descem à carne para ser enjaulados nas mais horrendas expressões teratológicas, sob aflitivas angústias, na expurgação do veneno letal de suas almas dissolutas, sem que por isso os vossos postulados espiritualistas os classifiquem como vítimas de involução ou de injustiça!

Por que motivo temeis que retrogradem os futuros exilados da Terra, quando é certo que eles serão incorporados na carne primitiva, mas sadia e vigorosa, dos que chamais "homens das cavernas", cujos organismos são imunes aos tristes quadros da patogenia nervosa, sifilítica, das perturbações endócrinas e, principalmente, livres dos agravos das atrofias tão comuns ao civilizado terrícola! Uma vez que não há involução para aqueles que se arrastam em organismos corrompidos, no solo terráqueo, depois de já haverem sido brilhantes intelectuais, famosos artistas ou líderes religiosos, é claro que essa abençoada retificação compulsória, para os emigrados para planeta inferior, não significa injustiça nem retrogradação à consciência humana.

PERGUNTA: — Quais as diferenças que os terrícolas hão de manifestar, quando reencarnados nesse orbe inferior, em relação aos habitantes naturais do mesmo?

RAMATÍS: — O psiquismo do terrícola exilado, embora tenha sido considerado como impróprio para que ele viva na Terra — motivo pelo qual terá de afastar-se dela — é considerado superior no planeta primitivo, e a sua adaptação aos ascendentes biológicos dos homens das cavernas só tende a melhorar-lhes o padrão do corpo astrofísico. Como o perispírito do homem terrícola é mais dinâmico e exercitado, portador de um sistema de "chacras" mais apurado, a sua constituição melhorará a configuração física nos descendentes dos primatas. O psiquismo do orbe inferior renovar-se-á sucessivamente, em sua qualidade primária, sob o mecanismo psíquico mais evoluído do exilado terrícola. O psiquismo do emigrado da Terra progride, portanto, no esforço de dominar e servir-se compulsoriamente da substância etereoastral agressiva do novo mundo, mas esta requinta-se, também, porque começa a circular num sistema perispiritual mais evoluído e sob a direção de espírito mais experimentado.

PERGUNTA: — Quais outros exemplos de progressos que os emigrados da Terra poderiam proporcionar aos habitantes do planeta inferior?

RAMATÍS: — Como a transmigração de espíritos é fenômeno rotineiro no mecanismo evolutivo do Cosmo, os mundos inferiores se renovam e progridem, espiritualmente, com mais brevidade, graças a esses intercâmbios, que são constantes. Só as humanidades libertas das paixões inferiores e devotadas ao Bem espiritual é que dispensam as transmigrações compulsórias. Os movimentos migratórios dos povos, realizados nas latitudes geográficas do vosso mundo, encontram analogia nas romagens de almas que se deslocam nas latitudes cósmicas. A diferença está em que estes acontecimentos siderais obedecem, inevitavelmente, a leis e processos da mais alta técnica de adaptações.

PERGUNTA: — Essa emigração de espíritos terrícolas para um mundo inferior, embora não signifique retrogradação, não representa uma punição de Deus para com os seus filhos que ainda não puderam submeter-se às leis divinas?

RAMATÍS: — Não existem providências de caráter punitivo nas leis estabelecidas por Deus. Os meios drásticos empregados pelos Mentores Siderais não só reabilitam os delinquentes, como ainda os aproximam mais rapidamente do verdadeiro objetivo da vida, que é a Ventura Espiritual, a eles reservada desde o primeiro bruxuleio de consciência. No Cosmo, tudo é educação e cooperação; os planos mais altos trabalham devotadamente para que as esferas inferiores se sublimem na contínua ascensão para a Sabedoria e o Poder! Os exilados se retificam compulsoriamente no comando dos corpos vigorosos dos homens das cavernas, porque ficam privados dos impulsos viciosos, sob o guante da carne primitiva, que lhes imprime uma direção consciencial deliberada em outro sentido. Sob o instinto vigoroso do cosmo celular selvático, eles reaprendem as lições; através do intercâmbio entre o psiquismo mais alto e o campo psíquico em formação, os homens das cavernas recebem os impulsos para as aquisições dos germes da filosofia, da ciência, da arte e do senso religioso.

PERGUNTA: — Poderíeis citar algum caso em que, embora estando a alma em reencarnação inferior, pode-se provar que a sua natureza espiritual não baixou de nível?

RAMATÍS: — A prova de que o espírito mantém a sua consciência integral do pretérito, mesmo sob qualquer deformação física ou situação deprimente na matéria, está nas experimentações de hipnotismo, quando determinados pacientes, submetidos à hipnose, revelam pendores artísticos, senso intelectual ou conhecimentos científicos que lhes transcendem fortemente a personalidade comum conhecida.

Quantas vezes o camponês, inculto, depois de hipnotizado, se expressa corretamente em idioma desconhecido, revela uma inteligência superior ou uma individualidade elevada! É uma bagagem de produtos elaborados nas vidas anteriores, que emerge superando a provisória condição a que o espírito se ajustou, devido a ter exorbitado da sua inteligência ou do seu poder no passado.

A roseira de qualidade, quando plantada em terreno impróprio, embora reduza o perfume de suas flores ou se atrofie na sua formosura vegetal, revelará novamente a sua plenitude floral assim que a replantem em terreno fértil. Sob idênticas condições, a alma inteligente não perde a sua consciência espiritual já estruturada nos evos findos, mesmo quando privada de todas as suas faculdades de expressão no mundo de formas; ela apenas fica ofuscada e restringida na sua ação mental. A ausência das pernas, no aleijado, não lhe extingue o desejo de andar, nem mesmo esse desejo se enfraquece; é bastante que lhe ofereçam pernas ortopédicas e ele tudo fará para reconquistar a sua antiga mobilidade, provando a permanência da sua consciência diretora do organismo.

PERGUNTA: — *Gostaríamos de compreender, então, através de qualquer exemplo elucidativo, como é que espíritos mais evoluídos em ciência, arte, filosofia e senso religioso, como muitos da Terra, poderão ajustar-se com êxito no corpo grosseiro e letárgico dos homens primitivos.*

RAMATÍS: — Concordamos em que os exilados terrícolas possam ser mais evoluídos em conhecimentos científicos, artísticos, filosóficos ou religiosos e, naturalmente, já possuam certos requintes de civilização, mas não concordamos quanto aos seus sentimentos, porquanto a maioria deles ainda está bastante enquadrada no temperamento passional do homem das cavernas. O acadêmico que mata o seu desafeto com um punhado de balas despejadas de artística pistola de prata, nem por isso merece melhor tratamento do que o bugre que esmaga o crânio do seu adversário sob o golpe de massudo tacape. Enquanto o civilizado é mais responsável pelo seu ato, porque já compulsou compêndios de moral superior e não pode ignorar os ensinos do Cristo, o selvagem é menos responsável, porque só aprendeu que a sua glória e o seu valor aumentam na proporção do número de crânios amassados...

Entre o ladrão que arrisca a vida para furtar uma galinha e o eleito do povo que esvazia os cofres da Nação com a gazua da caneta-tinteiro, o primeiro merece mais respeito e admiração, porque o seu furto possui algo de heróico e não se protege com as garantias oficiais do Direito subvertido pelos mais poderosos! É possível que haja mais cultura no cérebro do bêbado de fraque e cartola, consumidor do uísque importado, do que no do homem primitivo, que grita estentoricamente depois de uma carraspana de milho fermentado; mas, quanto às condições morais e à natureza espiritual, o selvagem é, pelo menos, mais inocente, porque ninguém o fez compreender o ridículo e a estupidez da bebedeira.

É suficiente abrirdes as páginas do jornal cotidiano, para verificardes quantas criaturas alfabetizadas, membros de associações desportivas e culturais, clubes filantrópicos e credos religiosos, detentoras de prêmios de oratória, bolsas de estudo e senso artístico, ou condecorações de mérito, famosas pela frequência aristocrática aos clubes chiques, distintas pela educação esmerada, "elegantíssimas no seu trajar", como as situam melifluamente os lugares-comuns da imprensa social, caluniam, envenenam, esfaqueiam e fuzilam esposos ou esposas, irmãos, parentes e até mesmo os progenitores! Esses espíritos, aparentemente evoluídos, que ainda conseguem evitar o cárcere onde geme o infeliz ladrão de galinhas, deixam-se fotografar trajando finíssimos trajes e ostentam calculados sorrisos fotográficos. É natural que a sua elegância, cultura e cientificismo, apreciados na Terra, sejam argumentos contra a pseudo-injustiça do exílio para o planeta inferior; entretanto, sob o nosso fraco entender, lamentamos antes, e profundamente, a sorte do homem das cavernas, que terá de receber esses espíritos "cultos" em seu *habitat* rude, mas profundamente honesto!

Na realidade, os exilados da Terra serão aqueles que perderam os pêlos, mas não evoluíram do animal para o homem, estando vestidos com trajes modernos, mas em discordância ainda com a sua índole, no vosso orbe. Esses, sob o imperativo da lei natural, deverão voltar a empunhar o velho tacape e a devorar vísceras sangrentas, cruas, embebedando-se com o milho fermentado, em lugar do conhaque ou do uísque. Não se trata de punição, mas de uma devolução natural e lógica, em que os "homens das cavernas", desajustados na Terra, serão encaminhados ao seu verdadeiro ambiente psicológico. A emigração ser-lhes-á de imenso benefício nesse outro planeta, no qual deverão sentir a euforia do batráquio devolvido à sua lagoa. Ao homem pacífico e evangelizado, que cultua a ordem e a estabilidade espiritual na Terra, é imensamente prejudicial que aumente a progênie dos homens das cavernas, habilmente disfarçados sob os trajes elegantes, o desembaraço oral e o volumoso arquivo literário ou científico, mas ainda famélicos de banquetes, de embriaguez elegante e de fortunas fáceis. As suas armas, demasiadamente aguçadas pelo intelecto, superam geometricamente o coração e, assim, criam desatinos e discrepâncias no vosso mundo, já em vésperas de promoção espiritual. Eles são egocêntricos e descontrolados, instintivos e ambiciosos, e vivem repletos de cupidez pela mulher do próximo; quando se centralizam nos seus mundos de negócios, idealizam planos argutos favoráveis exclusivamente à parentela e a si mesmos; semeiam intrigas políticas e criam trustes asfixiadores; favorecem a indústria do álcool, mas dificultam a produção do leite e do pão. Significam perigosa horda de selvagens vestidos a rigor, que galgam posições-chave na sociedade e na administração pública, mas, enceguecidos pela volúpia do ouro e do prazer, não trepidam em armar as mais cruéis e astuciosas ciladas, que deixam verdadeiramente boquiabertos os seus irmãos peludos, das cavernas!

Mas a Lei, justíssima e boa, disciplinadora e coesa no mecanismo evolutivo, termina afastando-os da rápida experiência prematura na civilização, e os coloca outra vez no seu verdadeiro "habitat", onde se afinam melhor à psicologia do irmão vestido com as peles naturais!

O Apocalipse – Os tempos são chegados 105

PERGUNTA: — *Quais os traços característicos daqueles que não serão transferidos para o planeta inferior que se aproxima da Terra?*

RAMATÍS: — Conforme os prognósticos siderais, apenas um terço da vossa humanidade reencarnada estará em condições de se consagrar como o "trigo" e as "ovelhas" ou "direita" do Cristo, a fim de se juntar à outra porcentagem que será escolhida no Além, entre a humanidade de 20 bilhões de desencarnados que constituem a carga comum no mundo astral, em torno da Terra.

Os da direita do Cristo possuem um padrão vibratório, espiritual, acima da frequência "mais alta" do magnetismo primitivo do planeta que se aproxima. Em consequência, não vibrarão em sintonia com as suas energias inferiores, que acicatarão o instinto inferior do psiquismo humano, furtando-se, portanto, à subtração magnética gradativa, do referido planeta. Esse acicatamento magnético do planeta primitivo só encontrará eco nos esquerdistas que, na figura de "vassalos da Besta", responderão satisfatoriamente a todos os apelos de ordem animalizada.

Entretanto, não penseis que os "direitistas" sejam aqueles que apenas se colocam rigorosamente sob uma insígnia religiosa ou uma disciplina iniciática; eles serão reconhecidos principalmente pelo seu espírito de universalidade fraterna e de simpatia para com todos os esforços religiosos bem-intencionados. Pouco lhes importam os rótulos, as bandeiras ou os postulados particularistas de sua própria religião ou doutrina espiritualista; facilmente se congregam aos esforços coletivos pelo bem alheio, sem lhes indagar a cor, a raça, os costumes ou preferência espiritual. São desapegados de proventos materiais, desinteressados de lisonjas e despreocupados para com as críticas de suas ações; obedecem apenas à índole de amar e servir! Colocam acima de qualquer feição personalista as regras crísticas do "amai-vos uns aos outros" e "fazei aos outros o que quereis que vos façam". Esse grupo dos "poucos escolhidos" entre os "muitos chamados", será a verdadeira falange de ação do Cristo no vosso mundo, na hora desesperadora que se aproxima. Esse pugilo de almas coesas, decididas e indenes de preconceitos e premeditações sectaristas, sobreviverá à fermentação das paixões animais superexcitadas sob a influência magnética do planeta inferior.

PERGUNTA: — Que quer dizer a "subtração magnética gradativa" do planeta intruso, a que há pouco vos referistes?

RAMATÍS: — A subtração magnética é uma sucção gradativa, partida do astro inferior, a que cada alma responderá conforme a sua faixa vibratória, revelando a sua maior ou menor afinidade com as condições de vida primitiva que lá existe. Os espíritos de vibrações rapidíssimas, em faixas vibratórias mais sutis, escaparão da influência do planeta e, portanto, não sentirão o futuro entorpecimento magnético, um estado de morte aparente e consequente flutuação compulsória na atração para o orbe estranho. Os "esquerdistas", porém, sentir-se-ão sob estranha hipnose, que os deixará inquietos, ignorando de onde provém a força atrativa e succional; perderão o senso do local em que permanecerem até aquele momento e, envolvidos por forte torpor, terminarão trasladando-se para o meio inóspito do planeta higienizador, no qual só despertarão para iniciar a recapitulação das lições negligenciadas na Terra. Mas o que há de predominar nesse processo migratório exótico será justamente a afinidade psíquica de cada espírito para com o planeta primitivo.

PERGUNTA: — Após o afastamento desse astro, não ficarão na Terra pessoas que deveriam emigrar como "esquerdistas"?

RAMATÍS: — O fenômeno se processa de modo lento, pois esse planeta influencia gradativamente, quer na sua aproximação, quer durante o período de seu afastamento. Os sobreviventes esquerdistas ainda na matéria — supondo-se que o planeta se distancie sem atraí-los no devido tempo — serão catalogados no Espaço, após a desencarnação, e conduzidos pelos "Peregrinos do Sacrifício" ao orbe primitivo ou a outros mundos inferiores que lhes sejam eletivos. E a Lei é inexorável quanto ao tempo de exílio, pois os da esquerda do Cristo não retornarão à Terra antes de seis a sete milênios.

PERGUNTA: — Considerando que há íntima relação

entre o corpo físico e o seu molde preexistente, que é o perispírito, formado com as substâncias magnéticas do meio em que sempre se reencarna, achamos que haverá profunda dificuldade para os espíritos terrícolas se adaptarem a um meio primitivo, como o é o do astro de que se trata. Que dizeis?

RAMATÍS: — Assim como inúmeros espíritos marcianos e de outros orbes mais evoluídos têm podido reencarnar-se no vosso mundo, para auxiliarem o progresso científico, artístico e filosófico, também os exilados da Terra hão de adaptar-se ao ambiente primitivo do astro intruso. Aos espíritos é mais fácil a descida vibratória e a adaptação a condições semelhantes às em que já viveram alhures, do que a ascensão para zonas dinamicamente superiores. Na realidade, eles emigram atendendo à própria exigência científica das relações cósmicas, em perfeita afinidade com o ambiente inferior eletivo ao seu metabolismo astroetérico, consideravelmente deprimido pelas paixões primitivas que lhes ajustam a psique do homem das cavernas.

É certo que as almas superiores, quando descem de outros orbes evoluídos, suportam inauditas dificuldades para se adaptarem ao vosso mundo, mas isso é porque, sendo missionárias e não exiladas, devem reduzir o seu campo psicomagnético a fim de alcançar o metabolismo biológico no éter-químico terráqueo.

Os exilados da Terra revelam no seu psiquismo as condições naturais que se afinam especificamente às paixões animais do planeta para onde emigram, enquanto que os marcianos, por exemplo, quando atuam na vossa humanidade, ficam muito além das faixas vibratórias terrestres e têm que realizar hercúleos esforços para se situarem na frequência vibratória mais baixa.

PERGUNTA: — Mas não há contradição na passagem reencarnatória do campo energético da Terra, que é orbe mais evolvido, para esse astro intruso, de magnetismo primitivo, agressivo e letárgico, consequentemente inacessível às possibilidades de comando dos espíritos exilados para ali?

RAMATÍS: — Enquanto esse intercâmbio ainda se processa no plano físico, da carne, na região do corpo denso, que é o sétimo plano na descida vibratória do espírito angélico, as diferenças de magnetismo são menos sensíveis, pela semelhança natural e por ser o mesmo o mecanismo de vida, que é a física. Todos os espíritos que ainda se situam nas reencarnações físicas — que são aprendizes e não missionários — não encontram obstáculos intransponíveis na reencarnação, por estarem familiarizados com todas as mudanças das faixas vibratórias do mesmo plano. Embora provindos de zonas energéticas diferentes, harmonizam-se pela identidade do mesmo processo reencarnatório a que são submetidos no plano denso.

PERGUNTA: — *Poderíeis dar-nos uma ideia das condições magnético-físicas favoráveis aos exilados da Terra, nesse astro primitivo?*

RAMATÍS: — Apresenta condições semelhantes às da Terra, sem porém igualá-las. Esse astro lembra a fase pré-histórica do vosso globo, nos primórdios formativos do Homem do Sílex. É um planeta cujo metabolismo de vida reside também nas trocas de oxigênio, mas a sua consolidação física, a rotação, o volume, a translação e a órbita que percorre obedecem a princípios mais amplos de outro sistema solar. Assim como na fabricação de confeitos uma mesma receita pode apresentar variações no produto, quando submetida a temperatura ou introdução de substâncias diversas ou intermediárias, também os mundos, embora semelhantes na sua contextura químico-física, variam conforme as influências exteriores e o potencial do campo magnético em que se consolidam.

Todos os orbes estão interpenetrados, entre si, não só pelo pensamento de vida, de Deus, como por todas as energias que se incorporam na descida angélica para a fase de matéria ou energia condensada. A consolidação da Terra, no campo radiante do vosso sistema solar, embora contando com os mesmos ingredientes cósmicos que existem fundamentalmente no planeta intruso, comportou-se de modo diferente na sua solidificação, devido a outras influências astronômicas que a distinguiram em todo o processo.

Servindo-nos de exemplo rudimentar, diremos que a estrutura astral-física da Terra difere um tanto da do astro intruso porque foi "cozida em temperatura diferente", embora preparada com as mesmas substâncias e sob a mesma receita...

PERGUNTA: — E qual o motivo pelo qual assegurais que o astro intruso guarda afinidade com a Terra?

RAMATÍS: — O planeta higienizador não guarda absoluta identidade física com a Terra quanto à sua expressão panorâmica exterior, mas é "interiormente" um dos que mais se afinizam com o padrão psíquico da maioria da vossa humanidade, que se abandona à esclerose das paixões inferiores. O seu conteúdo magnético astral é de profunda simpatia aos espíritos que para ali serão transferidos; o seu energismo íntimo vibra correspondentemente ao psiquismo da massa que será atraída para a sua atmosfera etereoastral. Em torno do seu campo áurico, muitos espíritos terrícolas farão estágio de trabalho socorrista, a fim de tornarem o meio etereoastral adequado à descida reencarnatória dos enxotados da Terra.

PERGUNTA: — Então haverá ainda cuidadosa assistência de espíritos mais esclarecidos, da Terra, para a reencarnação dos exilados nesse planeta primitivo?

RAMATÍS: — O espírito é o "agente" que concretiza, progressivamente, todos os pensamentos contidos na Mente Divina e que, como centelha, evolui da inconsciência de grupos instintivos dos reinos inferiores para a forma de consciência individual humana, quando então se dá o despertar do raciocínio da hipnose animal para a ascese angélica. Essa interminável sucessão de movimentos ascensionais é sempre assistida por inteligências cada vez mais altas na infinita hierarquia espiritual. Assim como o espírito que ainda habita o organismo do homem das cavernas precisa de um guia que lhe sobrepuje apenas a precária inteligência e o sentimento, e lhe conheça de perto as primeiras necessidades, uma consciência tão ampla, como a de Jesus, inspira-se pela sublime entidade que é o Arcanjo Gabriel, espírito planetário diretamente ligado ao Logos do Sistema Solar. A graduação dos espíritos orientadores situa-se harmonicamente na economia do Cosmo. Assim como não requereis Einstein para o ensino da aritmética no curso primário, também não há necessidade de um Arcanjo Planetário para ensinar o homem comum a compulsar as primeiras páginas do Evangelho.

Este o motivo por que na aura astral do planeta primitivo numerosas entidades de certo entendimento espiritual já estão operando em benefício dos futuros exilados e delineiam, na esfera fluídica opressiva e nauseante, as primeiras operações dirigidas à crosta do orbe. Trata-se de colônias espirituais que formarão os "elos" gradativos entre o mundo físico e o astral e, também, entre as ordens mais altas que devem concretizar esforços como providências auxiliares aos reencarnados. Sob a imutabilidade da Lei, não podem ser violentados os campos vibratórios que separam a carne do espírito livre, no Além; os benfeitores terrícolas terão que lançar as bases intermediárias, para que se faça com êxito a pedagogia espiritual no mundo inferior do orbe intruso. Os agrupamentos constituir-se-ão em verdadeiras clareiras de repouso e de ajuste entre as reencarnações consecutivas, servindo também como ponto de referência com o "mundo interior Divino" e facilitando a descida dos futuros instrutores espirituais em missão, na crosta física.

Esses voluntários abnegados, denominados "Peregrinos do Sacrifício", cuja casta é conhecidíssima no Espaço, ao penetrarem na extensa mataria dos fluidos repulsivos do astral primitivo do planeta, recordam a figura daqueles abnegados sacerdotes que se embrenhavam floresta adentro, na devotada missão de atender e educar os silvícolas dominados exclusivamente pela animalidade. Eles renunciam aos seus bens e alegrias nos planos edênicos, para atender aos recalcitrantes da Terra, a caminho do exílio!

E Jesus, o Sublime Governador da Terra, também não descansará o seu magnânimo coração, enquanto não verificar que a última ovelha extraviada retornou ao aprisco, no tradicional simbolismo do "filho pródigo"!

PERGUNTA: — Qual o tempo que supondes preciso, pelo nosso calendário, para o retorno de todos os exilados?

RAMATÍS: — Quando o astro retornar, isto é, em sua nova

O Apocalipse – Os tempos são chegados   111

aproximação da Terra, daqui a 6.666 anos, em que ficará um tanto mais distanciado da órbita terráquea, pelo gradual afastamento nas oscilações cósmicas expansivas, aqueles que já estiverem livres de suas mazelas e da carga magnética deletéria, farão a transmigração em massa para a Terra, enquanto os mais recalcitrantes continuarão nos ciclos reencarnatórios depurativos do próprio planeta-exílio.

PERGUNTA: — Poderemos supor que os emigrados da Terra hão de adaptar-se rapidamente ao novo ambiente do exílio?

RAMATÍS: — Sob a força intuitiva e a recordação subjetiva, eles criarão sistemas de vida favoráveis aos habitantes de lá, pois, embora nascendo na forma hirsuto e primitiva, estarão latentes na sua memória etérica todas as realizações conhecidas na Terra. A princípio, ante a coação de corpos tão rudes e animalizados, olvidarão a realidade da vida vivida no vosso orbe mas, no futuro, em certas horas de nostalgia espiritual, sentir-se-ão como estranhos no planeta, recompondo outra lenda parecida com a de Adão e Eva enxotados do Paraíso, por haverem abusado da "árvore da ciência do Bem e do Mal". E sob a mesma índole do que já se registrou na Terra, também surgirá no astro-exílio uma versão nova dos "Anjos Decaídos", rebeldes à Luz Divina, formando a gênese daquele planeta inferior. E abrir-se-á outra vez o extenso caminho da alegoria religiosa e dos indefectíveis dogmas, a oprimirem no futuro os primeiros agrupamentos religiosos do astro-exílio!

E, antes que pergunteis, já vos iremos dizendo que as lendas se repetirão ali devido à saudade do mundo terrestre perdido, cujo conforto, como conquista da vossa ciência, há de vibrar na mente evocativa dos exilados, na figura de bens deixados em um Paraíso! E, apesar das sucessivas descobertas, adaptações, e do progresso natural do meio, predominará no âmago de cada exilado a ideia de se encontrar num mundo infernal, onde é obrigado a "comer o pão com o suor do seu rosto"! Inegavelmente, repetir-se-ão no planeta-exílio os mesmos temas já vividos por aqueles alunos reprovados na Terra, que estará sendo promovida, então, à função educativa de Academia, no terceiro milênio. O exílio naquele mundo primitivo há de permitir aos imigrados reviverem lições negligenciadas, o que não mais seria possível na complexidade mais alta do curso acadêmico. É por isso que a lenda conhecida em vosso orbe sob a denominação de "Anjos Decaídos" é resumida em um quadro onde vedes a figura flamejante de Miguel Arcanjo empunhando uma espada de fogo com a qual impede o retorno de Adão e Eva ao Paraíso, sob o escárnio da Serpente, que representa a sedução astuciosa da carne do mundo! O Arcanjo Miguel, simbolizando o princípio da Justiça Sideral, em qualquer situação ou condição de rebeldia espiritual aos princípios superiores, afasta sempre para condições reeducativas aqueles cuja degradação ameaça o equilíbrio da obra divina!

PERGUNTA: — *Gostaríamos de ouvir o vosso parecer sobre o fato de alguns confrades espíritas haverem afirmado que, diante dos postulados do espiritismo, não só se torna injustificável essa emigração de espíritos para um mundo inferior, como até contraria o pensamento de Allan Kardec a esse respeito.*

RAMATÍS: — Lamentamos que pessoas que se dizem espíritas façam essas afirmações imprudentes, consequentes tão somente de falta de leitura das obras kardecistas, que consideramos como bases fundamentais da doutrina espírita. Embora disponhamos de centenas de anotações, preferimos limitar-nos a fazer a seguinte transcrição de algumas palavras do glorioso líder espírita:

> Tendo que reinar na Terra o bem, necessário é que sejam dela excluídos os espíritos endurecidos no mal e que possam acarretar-lhe perturbações. Deus permitiu que eles aí permanecessem o tempo de que precisavam para se melhorarem; mas, chegando o momento em que, pelo progresso moral de seus habitantes, o globo terráqueo tem que ascender na hierarquia dos mundos, interdito será ele, como morada, a encarnados e desencarnados que não hajam aproveitado os ensinamentos que uns e outros se achavam em condições de aí receber.
> Serão exilados para mundos inferiores, como o foram ou-

O Apocalipse – Os tempos são chegados   113

trora para a Terra os da raça adâmica, vindo substituí-los espíritos melhores. Essa separação, a que Jesus presidirá, é que se acha figurada por estas palavras sobre o "Juízo Final": "Os bons passarão à minha direita e os maus à minha esquerda".

Encontrareis estas palavras no livro *A Gênese*, capítulo XVII. E no capítulo XI, comentário 36 do mesmo livro lereis o seguinte:

> Na destruição que por essas catástrofes se verifica, de grande número de corpos, nada mais há do que o rompimento de vestiduras. Nenhum espírito perece; eles apenas mudam de plano; em vez de partirem isoladamente, partem em bandos. Essa a única diferença, visto que, ou por uma causa ou por outra, fatalmente têm de partir, cedo ou tarde".

Ainda no comentário 37, do mesmo capítulo XI, a explicação é claríssima:

> Há, pois, **emigrações e imigrações** coletivas de um mundo para outro, donde resulta a introdução, na população de um deles, de elementos inteiramente novos. Novas raças de espíritos, vindo misturar-se às existentes, constituem novas raças de homens.

Ditamo-vos, também, algumas respostas diretas das entidades auscultadas pelo grande líder espiritual, constantes do *Livro dos Espíritos*, capítulo IV, item III.

> **Pergunta 173:** — A cada nova existência corporal a alma passa de um mundo para outro, ou pode ter muitas no mesmo globo?
> **Resposta:** — Pode viver muitas vezes no mesmo globo, se não se adiantou bastante para passar a um mundo superior.
> **Pergunta 173B:** — Podemos voltar a este, depois de termos vivido noutros mundos?
> **Resposta:** — Sem dúvida. É possível que já tenhais vivido algures na Terra.
> **Pergunta 174:** — Tornar a viver na Terra constitui uma necessidade?
> **Resposta:** — Não; mas, se não progredistes, podereis ir

para outro mundo que não valha mais do que a Terra e que talvez seja **pior do que ela.**

Como vedes, há que compulsar com muito critério a extraordinária base fundamental do espiritismo, que são os livros de Allan Kardec, porque para aqueles que tiverem "olhos para ver", as mais profundas verdades estão ali ocultas.

6.
A verticalização do eixo da Terra

PERGUNTA: — *Temos meditado bastante sobre as vossas afirmações de que no decorrer da segunda metade do século atual acentuar-se-ão os efeitos da verticalização do eixo da Terra. Podeis dizer-nos se algum profeta do Velho Testamento corrobora as vossas afirmativas nesse sentido?*

RAMATÍS: — O profeta Isaías, no livro que traz o seu nome, diz o seguinte, com relação aos próximos acontecimentos: "Pelo balanço será agitada a Terra como um embriagado e será tirada como a tenda de uma noite, e cairá e não tornará a levantar-se" (Isaías, 24:20). É uma referência à verticalização do eixo da Terra, que não permitirá que ela se levante novamente, isto é, que retorne à sua primitiva inclinação de 23° sobre a eclíptica. Jesus também declarou que no fim do mundo serão abaladas as virtudes do céu.

PERGUNTA: — *Embora confiemos em Jesus e nas suas afirmações, surpreende-nos que deva ocorrer uma tal derrogação das leis sensatas e eternas, do Cosmo, apenas para que a Terra atinja satisfatoriamente o seu "Juízo Final". Estranhamos esse dispêndio de energias e grande perturbação cósmica para a verticalização da Terra, que é um planeta insignificante perante o infinito. Não temos razão?*

RAMATÍS: — A vossa estranheza provém do fato de tomardes "ao pé da letra" as palavras de Jesus. A Terra, sem dúvida, é um planeta muito insignificante para merecer tais providências, que redundariam numa catástrofe cósmica se alguém se pusesse a sacudir os planetas e a vossa própria Terra, como Sansão sacudiu as colunas do templo que lhe caiu em cima... O que o Mestre predisse é que, ao se elevar o eixo da Terra e desaparecer a sua proverbial inclinação de 23°, haverá uma relativa e correspondente modificação no panorama comum astronômico; cada povo, no seu continente, surpreender-se-á com o novo panorama do céu, ao perceber nele outras estrelas desconhecidas dos costumeiros observadores astronômicos. Em linguagem alegórica, se se verticalizar o eixo da Terra, é claro que as estrelas hão de, virtualmente, descer ou cair das suas antigas posições tradicionais, justificando-se, então, a profecia de Jesus de que as virtudes do céu serão abaladas e as estrelas cairão. Se vos fosse possível virar o globo terráqueo, no Espaço, verticalizando-o de súbito e tirando-o, portanto, dos seus 23 graus de inclinação, toda a humanidade teria a sensação perfeita de que as estrelas estariam caindo do horizonte. No entanto, elas se manteriam firmes, nos seus lugares habituais; a Terra é que, devido à torção sobre si mesma, deslocaria no céu os quadros costumeiros e familiares a cada povo, conforme a sua latitude astronômica.

Na Atlântida esse fenômeno foi sentido bruscamente; em vinte e quatro horas a inversão rápida do eixo da Terra causou catástrofes indescritíveis. Atualmente, a elevação se processa lentamente. Na atual elevação, os Mentores Siderais reservaram várias zonas terrestres que deverão servir como refúgio a núcleos civilizados, onde se formem os futuros celeiros do mundo abalado e trabalhem os missionários escolhidos para propagar o avançado espiritualismo do terceiro milênio.

Se os vossos astrônomos examinarem com rigorosa atenção a tela celeste familiar, do vosso orbe, é provável que já possam registrar algumas notáveis diferenças em certas rotas siderais costumeiras.

PERGUNTA: — Há porventura qualquer outra profecia ou predição de confiança sobre essa queda virtual das estrelas, em consequência da elevação do eixo da Terra?

RAMATÍS: — Antes de Jesus, na velha Atlântida, já os

profetas afirmavam que haveria modificação no "eixo da roda" ou seja, o eixo da Terra. Hermes Trimegisto, o insigne Instrutor egípcio, já dizia: "Na hora dos tempos, a Terra não terá mais equilíbrio; o ar entorpecerá e os astros serão perturbados em seu curso". E Isaías o confirma quando diz: "Porque eis aqui estou eu, que crio uns céus novos e uma terra nova; e não persistirão na memória as primeiras calamidades, nem subirão sobre o coração" (Isaías, 65:17). O evangelista Lucas também adverte: "E aparecerão grandes sinais nos céus" (Lucas, 21:11) (queda virtual das estrelas e abalo ou comoção nos céus). João Evangelista, no seu Apocalipse anuncia: "E caiu do céu uma grande estrela ardente, como um facho, e caiu ela sobre a terça parte dos rios e sobre as fontes das águas" (Apocalipse, 8:10). E ainda: "E as estrelas caíram do céu sobre a Terra, como quando a figueira, sendo agitada por um grande vento, deixa cair os seus figos verdes" (Apocalipse, 6:13).

No Apocalipse, lê-se o seguinte: "E vi um céu novo e uma terra nova, porque o primeiro céu e a primeira terra se foram" (Apocalipse, 21:1), ou seja: a velha Terra, inclinada no seu eixo, e o velho céu familiar a todos, modificaram-se ou se foram. O profeta deixa subentendido que, devido a essa mudança do antigo panorama sideral, os cientistas terão que modificar os seus mapas zodiacais, em cada nova latitude e longitude astronômica peculiar a cada povo, organizando-lhes outros quadros do "novo céu".

PERGUNTA: — E após a época de Jesus, quais as profecias que podem atestar esse acontecimento?

RAMATÍS: — Nostradamus, o consagrado vidente francês do século XVI, delineou o roteiro profético mais exato que conhecemos para os vossos dias. Em sua carta a Henrique II ele prediz o seguinte: "Quando os tempos forem chegados, uma grande transformação se produzirá, de tal modo que muitos julgarão a Terra fora de órbita". Na quadra 41, da Centúria II, o profeta deixa entrever claramente a presença de um astro intruso que tem ligação com a verticalização do eixo da Terra, quando prediz: "Uma grande estrela, por sete dias, abrasará a Terra e ver-se-á dois sóis aparecerem". Na Centúria 6/6, do presságio 27, afirma que "no fim dos tempos aparecerá no céu, no norte, um grande cometa".

PERGUNTA: — Nostradamus fala em "cometa", que é estrela nômade, esguedelhada, enquanto os vossos relatos se referem a um planeta; não é assim?

RAMATÍS: — Se observardes com atenção as antigas profecias bíblicas e as que se sucederam ao advento de Jesus, verificareis que os profetas, como sensitivos atuando fora do espaço e do tempo, não podiam descrever rigorosamente os detalhes do que enunciavam, pois apenas captavam a imagem geral dos acontecimentos futuros. Em consequência, pouco se importavam com uma distinção meticulosa entre planetas, cometas, estrelas, astros ou sóis, cuja nomenclatura nem seria tão detalhada na época. Incontestavelmente, o que elimina qualquer dúvida é que todas essas profecias convergem sempre para dois acontecimentos únicos e identificáveis: a modificação do eixo da Terra, com a mudança do panorama familiar astronômico, e a presença de um corpo estranho junto ao sistema solar em que viveis.

PERGUNTA: — Mas não podemos considerar essa predição como uma afirmação clara e positiva de que a Terra se verticalizará. Que achais?

RAMATÍS: — Notai que, na mesma carta a Henrique II (Centúria I, 56-57), a afirmação de Nostradamus é indiscutível, pois diz textualmente que "a Terra não ficará eternamente **inclinada**". A capacidade profética de Nostradamus soube prever o natural ceticismo da ciência e a proverbial negação dos cientistas, pois diz mais que, apesar das opiniões contrárias (da ciência acadêmica), os fatos hão de acontecer como os relata. E, conforme já vos dissemos, o evangelista João fundamenta a predição de Nostradamus, quando também afirma: "E vi um novo céu e uma nova terra" (Apocalipse, 21:1).

PERGUNTA: — Nostradamus teria previsto também que o astro que se aproxima é de volume maior que o da Terra, conforme afirmastes anteriormente?

RAMATÍS: — Na Centúria 3-34, o vidente francês deixou registrado claramente que "em seguida ao eclipse do Sol, no fim do século, passará junto à Terra um novo corpo celeste volumoso, grande, um monstro, visto em pleno dia". As Centúrias 4-30 e 1-17 previnem-vos de que "a ciência não fará caso da predição, e dessa imprudência faltarão provisões à humanidade; haverá penúria e a terra ficará árida, ocorrendo ainda grandes dilúvios". Certamente, os cientistas ridicularizarão o evento do astro intruso, por considerá-lo aberrativo. Isso terá como consequência a negligência, por parte de todo mundo, em acumular provisões, motivo por que se verão desamparados no terreno econômico, quando a fome os cercar.

PERGUNTA: — Segundo Nostradamus, se a humanidade levar a sério a predição e os cientistas derem aviso para que se providenciem provisões para os dias fatais, serão atenuados os acontecimentos. É isso mesmo?

RAMATÍS: — Quando se fizer a conjunção dos efeitos do astro intruso com os efeitos da loucura humana, no mau emprego da desintegração atômica, "a terra será abrasada". Sobre isso, não tenhais dúvida! Desde que, nessa ocasião, haja depósitos subterrâneos de víveres, ou já se tenha cogitado de outras providências a respeito, inegavelmente serão atenuadas a fome e a miséria. É óbvio que, se os cientistas se dispuserem a ouvir com sinceridade e confiança a simbólica "voz de Deus" transmitida através dos profetas do quilate de um Nostradamus, apesar dos acontecimentos trágicos previstos e irrevogáveis, poder-se-á eliminar grande parte do sofrimento futuro, pois o astro a que nos referimos — como bem sabemos na técnica sideral — abrasará mesmo a Terra e queimará muita coisa! E ainda podemos recordar as palavras de João Evangelista, no Apocalipse, quando diz que a Terra será destruída pelo fogo e não pela água, advertência sibilina onde se esconde a conexão da influência do astro intruso com os próprios eventos desavisados da bomba atômica.

PERGUNTA: — Algum outro planeta de nosso sistema solar sofrerá deslocações sob a influência desse astro?

RAMATÍS: — Ocorrerão modificações proporcionais aos volumes, rotas e movimento dos astros na zona magnética de maior influenciação do astro visitante, conforme já vos expusemos anteriormente. No entanto, será a Lua, como satélite do vosso orbe, o que mais sofrerá em sua posição astronômica, porquanto a verticalização da Terra há de produzir determinadas modificações nas suas coordenadas de sustentação no plano astroetéreo, em correspondência com as energias que lhe fluem de outros astros adjacentes. Os orbes disseminados pelo Cosmo sustentam-se e relacionam-se entre si, adstritos às zonas de cruzamento das diagonais ou coordenadas magnéticas, semelhantes a infinita rede, em cujas malhas os globos rodopiam e se balouçam majestosamente, no mais inconcebível equilíbrio e harmonia. A mais débil modificação de uma coordenada magnética provoca um deslocamento correspondente, para compensação harmônica do sistema cósmico.

Após a verticalização da Terra, far-se-á o ajuste dos pólos magnéticos à exatidão dos pólos físicos, inclusive o fluxo de sustentação e de equilíbrio entre a Terra e a Lua. Queremos prevenir-vos de que algo mudará nas relações astrofísicas entre a Lua e o vosso orbe, porquanto, após a verticalização do globo terráqueo, também deverão harmonizar-se as atuais coordenadas, cuja força principal é atuante no campo etereoastral, embora o fenômeno termine, depois, materializando-se na esfera física.

Essa modificação foi habilmente prevista pelos profetas antigos e modernos, conforme expomos: Isaías afiança que "a luz da Lua será como a luz do Sol, e a luz do Sol será sete vezes maior, como seria a luz de sete dias juntos, no dia em que o Senhor atar a ferida do seu povo e curar o golpe de sua chaga" (Isaías, 30:36). Nostradamus, em outras palavras, assegura que a Lua aproximar-se-á da Terra, tornando-se 11 vezes maior do que o Sol. O evangelista Lucas clama: "E haverá sinais no Sol e na Lua e nas estrelas, o na Terra consternação das gentes, pela confusão em que as porá o bramido do mar e das ondas" (Lucas, 21:25).

É bem clara a enunciação de todos esses profetas, os quais são unânimes em afirmar que a Lua se tornará maior e se aproximará da Terra, enquanto que a sua força há de provocar tremendas marés, como o bramido do mar e das ondas. O profeta Isaías também se refere ao fenômeno das inundações e das prováveis marés, quando enuncia: "E sobre todo monte alto e sobre todo outeiro elevado haverá arroios de água corrente no dia da mortandade de muitos, quando caírem as torres" (Isaías, 30:25). É óbvio que os arroios só poderão correr dos mais altos montes após estes terem sido alcançados e cobertos pelas águas, que dali escorrerão como procedentes de vertentes!

PERGUNTA: — E qual o processo através do qual a Lua ficará tão brilhante quanto o Sol, no dizer do profeta Isaías, ou 11 vezes maior do que já é, como diz Nostradamus?

RAMATÍS: — O acontecimento origina-se numa questão de planos em que se situou na vidência dos profetas. Isaías viu a Lua muito próxima da Terra, o que lhe ofuscou a visão psíquica num primeiro plano, e então a sua mente associou esse fulgor inesperado ao fulgor do Sol. Essa mesma visão, quando projetada mais tarde na mente de Nostradamus, na França, fê-lo tomar o campo radiativo e áurico da Lua, aumentado pelo abrasamento do astro intruso, como sendo o seu próprio volume rígido, que ele calculou ter um diâmetro 11 vezes a mais do normal. Na verdade, ele confundiu o campo de irradiação mais próximo de si com a configuração material do satélite da Terra.

O fenômeno se explica pela lei dos planos subsequentes, que observais nos trabalhos dos pintores ou em representações teatrais, quando certos objetos devem predominar em primeiro plano sobre os demais. A chama de uma vela diante da visão humana, consequentemente num primeiro plano, pode impressionar mais do que a luz de um farol brilhando ao longe em último plano, de fundo.

PERGUNTA: — Em vossas comunicações anteriores, tendes feito referência ao degelo que provocará nos pólos a verticalização do eixo da Terra; entretanto, alguns cientistas afirmam que esse degelo, se se verificar, será um acontecimento de senso comum, consequente do excessivo acúmulo de gelo naquela região e provavelmente responsável por fatos idênticos, registrados em épocas pré-históricas, dos quais temos conhecimento através da lenda do dilúvio do tempo de Noé, narrada na Bíblia. Explicam assim esse fenômeno que, para se registrar, não está na dependência da ação de qualquer planeta que, para o conseguir, precise forçar a verticalização do eixo da Terra. Que nos dizeis a esse respeito?

RAMATÍS: — Eles se esquecem de que a simples comprovação desses degelos é suficiente para fazer ressaltar a sabedoria dos profetas, porquanto, mesmo sob esse aspecto, eles o previram corretamente para o tempo exato. Embora os sábios atuais procurem explicar cientificamente tais degelos e os considerem como um fato normal, é muito desairoso para a ciência oficial que homens incultos, místicos e sonhadores, dos templos bíblicos, já pudessem prever com tal antecipação a ocorrência desse fenômeno para a época exata de se registrarem. Acresce ainda que esses homens não só predisseram o acontecimento, com antecedência de mais de dois milênios, como ainda o fizeram desprovidos da preciosa instrumentação da vossa ciência atual! Embora fossem profetas e, por isso, tachados de visionários, superaram todas as conclusões oficiais da ciência acadêmica, porque esta só anunciou o fenômeno já ao limiar de sua eclosão. Os louros pertencem, portanto, aos profetas. Apesar da sua inegável capacidade e do imenso benefício já prestado à humanidade, a ciência está submetida, na sua ação no campo objetivo da pesquisa e da conclusão, só a leis conhecidas; no entanto, o profeta, que se lança fora do mundo de formas e penetra nos acontecimentos fora do tempo e do espaço, pode prevê-los com muita antecedência.

O vosso aparelhamento científico pode marcar com rigor — por exemplo — os epicentros dos terremotos nos locais mais distantes; no entanto, fracassará completamente se pretenderem fixá-los com uma semana de antecedência, quer quanto à área de sua futura eclosão, quer quanto à intensida de dos seus efeitos. Depois de conhecido o fenômeno da trajetória dos cometas e a ocorrência dos eclipses, os astrônomos podem compilar rigorosa tabela, que fixa a periodicidade dos mesmos acontecimentos no futuro, com a precisão admirável de segundos; no entanto, nenhum dos seus instrumentos poderá revelar a hora, semana, mês, ano ou século em que deverá nascer um novo cometa na visão astronômica comum!

É mister, portanto, que se louve e se reconheça o trabalho desses profetas "anticientíficos" do passado que, em todas as raças e tempos, previram que a mais perigosa saturação de gelo nos pólos e a possível verticalização da Terra — seja em virtude de escorregamento da carga refrigerada, seja devido ao aquecimento normal — dar-se-á exatamente no fim do vosso século! Que importa o mecanismo do fenômeno, se eles o previram com tanta exatidão? Seja o escorregamento do gelo, seja o planeta intruso ou seja o aquecimento anormal, o que importa para vós é que os profetas previram o acontecimento para este século e justamente em conexão com o período sibilino do "fim dos tempos". Divino "senso comum" o desses profetas que, destituídos de telescópios, réguas, transferidores, esquadros e tábuas de logaritmos, desconhecendo os princípios do gás eletrônico, a lei de Kepler ou de Newton, puderam ultrapassar o "senso científico" do homem atômico do século XX! A vossa ciência constata o fenômeno e o explica cientificamente; eles o anteciparam de dois milênios e o previram em sua forma e intensidade, inclusive quanto à época exata de sua eclosão!

PERGUNTA: — Mas é evidente que, sob essa teoria científica de deslocamento do gelo polar e a possibilidade de a Terra mudar por si os pólos, a sua verticalização poderia prescindir da ajuda de um astro intruso. Não é assim?

RAMATÍS: — A finalidade principal desse planeta não é essa, mas a de higienizar a Terra e recolher os "esquerdistas". Entretanto, em virtude de sua passagem junto à Terra, as camadas refrigeradas, dos pólos, terão de deslocar-se, tangidas pela ação interna dos primeiros impactos magnéticos do astro intruso. O fenômeno é exatamente inverso ao que a ciência pretende conhecer e julgar; ele opera primeiramente no mundo etereoastral e radiante da substância, para depois repercutir nas camadas físicas. Essa ação se processa antes na energia livre, para depois atingir a matéria, ou seja, a energia condensada.

PERGUNTA: — E qual seria um exemplo favorável ao nosso entendimento?

RAMATÍS: — A ciência médica utiliza-se do aparelhamento de eletroterapia ou radioterapia, para modificar as células e os tecidos orgânicos atrofiados ou dilacerados, mas primeiramente atua no campo imponderável ou magnético do ser humano, para depois o fenômeno se materializar no campo físico. Inúmeros hipnotizadores agem no campo magnético do "sujeito", no seu veículo etérico, e paralisam-lhe os músculos, obtendo a rigidez cadavérica. O faquir apressa o crescimento da semente de abóbora, fixando-lhe o olhar poderoso, como um "detonador" vital que, então, desperta o metabolismo astroetérico da semente e põe em movimento o seu mecanismo de assimilação das energias nutritivas do meio. Só depois que se faz a ação interna, ou etérica, ou, se quiserdes, a magnética, é que se torna visível a modificação no campo físico.

Vós observais o aquecimento do orbe e a movimentação natural do gelo polar, mas ignorais completamente qual seja o agente influenciador interno, que ainda se distancia muitíssimo da receptividade comum da instrumentação científica. O acontecimento é facilmente compreensível para os iniciados, mas ridículo, talvez, para o abalizado cientista profano, que descrê do viveiro de energias ocultas e dos fenômenos que se situam além do poder da ótica astronômica.

PERGUNTA: — Já que afirmastes certa vez que as modificações da morada afetam o morador, devemos crer, porventura, que a simples verticalização do eixo da Terra também há de verticalizar a humanidade em espírito? Isso não contradiz a tradição de que a maturidade espiritual se faz pelo caminho interior, independentemente do cenário exterior? Espíritos como Paulo de Tarso, Francisco de Assis ou Buda não sobreviveram ao próprio meio, sem necessidade de se mudar o ambiente?

RAMATÍS: — Ao afirmarmos que as modificações da morada afetam o morador, não dissemos que o modificam. Uma coisa é afetar e outra coisa modificar. O verbo "afetar" vestiu-nos a ideia de "influir", de "atingir", e cremos que ainda não teve mudada a sua definição nos vossos dicionários. É mister compreenderdes que empregamos esforços heróicos para nos situarmos ideograficamente no vosso acanhado vocabulário humano, ao relatar eventos tão remotos. Se procurardes atribuir novos sentidos às palavras e vos apegardes tão objetivamente à sua morfologia, aumentareis naturalmente as dificuldades para compreenderdes as nossas comunicações.

É claro que o gorila não se espiritualiza no palácio luxuoso, nem o sacerdote se transforma em celerado ao pregar nos presídios; mas é claro, também, que, enquanto o morcego se sente venturoso nos casarões escuros e malcheirosos, o beija-flor é mais feliz quando esvoaça sobre as flores dos jardins. Mas, ao mesmo tempo que o jardim formoso, banhado pela luz do dia, pode afetar o morcego e deixá-lo aflito à procura do seu ambiente sombrio, o casarão escuro e malcheiroso causa angústia ao beija-flor e o torna encorujado, provando que, realmente, a morada afeta o morador.

A verticalização da Terra influirá nos seus moradores, porque há de proporcionar-lhes um ambiente mais sedativo, na forma de agradável cooperação para uma vida mais venturosa e menos contemplativa. O atual cenário terrestre exige de vós a solução de múltiplos problemas, que são obstáculos mas não ensejos evolutivos, embora despertem a dinâmica da alma ainda embrutecida. Reconhecemos que Francisco de Assis viveu entre monturos e foi santo, enquanto Messalina, insensível e escravizada às paixões degradantes, realizava as suas bacanais nos mais sublimes recantos da natureza! Há espíritos eleitos que só cantam a poesia dos pássaros e a beleza das florestas, mas há também inúmeros outros que, na forma de caçadores impiedosos, trucidam as avezitas policrômicas sob a ação dos canos fumegantes das armas de caça. Há jardineiros que se amarguram quando emurchece a rosa atraente, e há homens que matam o seu companheiro num jardim florido ou escolhem para os ataques fratricidas o início do florir da primavera! Enquanto muitas academias diplomam às vezes salteadores disfarçados sob o fraque e cartola, alguns mestres-escolas, humildes e pobres, presenteiam o mundo com excelsos filósofos e iluminados cientistas!

O cidadão do vosso século, malgrado a considerável bagagem intelectual e científica do ambiente civilizado, não passa comumente de um selvagem de cara rapada, sugando a fumaça de folhas de fumo desfiadas e intoxicando o organismo com nicotina; impiedoso para consigo mesmo, despeja goela abaixo goles e goles de líquidos corrosivos ou tortura-se barbaramente nas apostas desportivas ou nos jogos alucinantes! Atravessa a vida física como um doido, numa incontrolada ansiedade pelos prazeres daninhos e conquista de independência econômica, terminando crucificado sob as enfermidades produzidas pelos vícios, imprudências e o cortejo de mazelas psíquicas e morais, que cultua incessantemente. Enquanto enxerga "civilidade" no pergaminho acadêmico, esticado em luxuosa moldura, e "aristocracia" no charuto caríssimo — através do qual Freud descobriria no homem de hoje a sublimação do velho pajé mascador de folhas de mato — o homem da Terra ri e se afasta, exatamente, dos valores reais da vida superior do espírito. Considera-se o glorioso cidadão do século XX e queda-se, entusiasmado, ante o poder assombroso da ciência humana, que acredita poder causar perturbações planetárias e dificultar a obra harmoniosa do Pai com o mau uso da força nuclear! No entanto, quantas vezes esse gigante terrícola tomba, fulminado, sobre o cheque que assina! Aqui, sob umríctus nervoso, cai apopléctico, empoeirando o casaco de veludo custoso; ali, após fartar-se em ruidoso banquete, "falece" de indigestão, sob as vistas do sacerdote chamado às pressas!

É inegável que o ambiente pior ou melhor é sempre um ensejo oportuno para que se revele a índole psicológica e espiritual do homem, mas a verticalização do espírito há de ser conseguida essencialmente sob a influência magnética do sublime Evangelho do Cristo, e não através da verticalização da Terra ou da melhoria do ambiente físico. Entretanto como a cada um será dado conforme as suas obras — embora o indivíduo não se modifique completamente sob a ação do ambiente exterior, é indiscutível a influência que sobre ele exerce o meio em que vive, criando-lhe certos estados íntimos à parte.

O Apocalipse – Os tempos são chegados 127

7.
A higienização da Terra, suas futuras riquezas e suas novas condições de vida

PERGUNTA: — *Como será a vida na Terra, depois de higienizada?*

RAMATÍS: — A humanidade terrena do terceiro milênio deverá ser constituída dos espíritos que forem selecionados no "Juízo Final" até o fim deste século, compreendendo as criaturas fraternas, honestas, avessas à guerra, à crueldade, à maldade, sumamente devotadas às coisas espirituais, cujo "carma" se apresente de modo mais favorável a permitir a vida em um mundo melhor.

Em face de a Terra verticalizar-se, na próxima elevação do seu eixo dar-se-á melhor ajuste entre as suas estações, resultando disso estabilidade do clima, predominando as fases da primavera e do outono. Isso favorecerá a eliminação de resfriados, gripes, bronquites, pneumonias e todas as moléstias peculiares ao sistema respiratório, consequentes de oscilações violentas da atmosfera.

Embora ainda devam manifestar-se na Terra outros tipos de enfermidades comuns ao homem, estas serão provenientes do sistema nervoso em particular, podendo ser curadas com êxito pelos processos da psicoterapia e cromoterapêutica. A humanidade do terceiro milênio, não obstante ser ainda necessitada do trabalho árduo e contínuo, poderá dedicar maior soma de tempo à Arte, à Ciência, à Filosofia e, principalmente, ao estudo disciplinado dos ensinamentos da Alta Espiritualidade. Poderá controlar perfeitamente os efeitos do clima e pôr em prática extraordinários sistemas de domínio das forças da Natureza.

Majestosas civilizações desenvolver-se-ão nos atuais pólos, gozando a plenitude de um ambiente estável e acolhedor, livre das comoções geológicas extremistas e das intempéries que surpreendem a lavoura e abatem o ânimo do trabalhador. Muitos sonhos e ideais elevados já serão possíveis de concretizar-se nesse breve porvir do vosso globo, pois, embora seja ainda um mundo imperfeito, deverá gozar das credenciais de uma esfera em vias de se tornar morada superior!

PERGUNTA: — Falastes em civilização nos pólos?
RAMATÍS: — Sim. Com a elevação gradativa do eixo terráqueo, os atuais pólos deverão ficar completamente libertos dos gelos e, até o ano 2000, aquelas regiões estarão recebendo satisfatoriamente o calor solar. O degelo já principiou; vós é que não o tendes notado. Se prestardes atenção a certos acontecimentos comprovados pela vossa ciência, vereis que ela já assinala o fato de os pólos se estarem degelando. Em breve, os colossais "icebergs" serão encontrados cada vez mais distantes de suas zonas limítrofes, os animais das regiões polares, pressentindo o aquecimento, procurarão zonas mais afins aos seus tipos polares, enquanto peixes, crustáceos, aves e outros animais acostumados aos ambientes tropicais farão o seu deslocamento em direção aos atuais pólos, guiados pelo "faro" oculto de que eles serão futuras zonas temperadas.

O degelo descobrirá à luz do dia as vastas regiões que se encontram refrigeradas e que conservam em seu seio vegetação luxuriante e minerais preciosos, que servirão ao homem do terceiro milênio. Grandes reservas nutritivas, de muito antes da catástrofe da Atlântida, resguardam-se debaixo do gelo, desde quando os pólos não eram ainda gelados e que a Terra se situava noutras condições em relação ao seu eixo imaginário.

PERGUNTA: — Como é que após o degelo poderá surgir uma vegetação luxuriante nos pólos?
RAMATÍS: — A terra que se encontra debaixo das gigan-

tescas camadas de gelo, dos pólos, cessou de produzir logo que a Terra sofreu inversão do seu eixo, quando da submersão da "grande Atlântida", há mais ou menos 27.000 anos. Mas trata-se de terra nutrida, que pôde conservar o seu húmus e vitalidade em estado latente. Quando os raios solares começarem a despertar toda a energia adormecida nessa região, que é poderoso cadinho de forças telúricas, a própria erva de qualidade rasteira poderá atingir até um palmo de altura, e qualquer vegetal se transformará em espécie gigantesca e de contextura carnuda. O carvalho, o álamo, os cedros, pinheiros, árvores frutíferas como as nogueiras, amendoeiras, as majestosas perobeiras e figueiras bravas para o lenho e para a cobertura encontrarão a magnificência de um solo ubérrimo, capaz de enfeitar a superfície dos pólos qual frondosa cabeleira de vegetação gigantesca.

PERGUNTA: — *Fizestes referência a minerais preciosos, nos pólos; porventura serão diferentes de outros que existem no restante da Terra?*

RAMATÍS: — As reservas de minerais que ainda existem para uso da humanidade terão que ser mais valiosas do que as que se encontram em minas já perfuradas e que estão sendo exauridas há tantos séculos. Como tudo isso faz parte de um plano inteligente, destinado a fornecer recursos para a educação humana, os prepostos de Deus reservaram aos direitistas do Cristo os elementos precisos para cumprirem os seus objetivos elevados e edificarem novo mundo sobre as sólidas bases do Evangelho. Se os homens do vosso século soubessem das reservas soterradas nas regiões polares, há muito que estariam operando naquelas zonas e exaurindo-as de todo o seu precioso conteúdo; provavelmente, inúmeros conflitos e dissídios sangrentos ter-se-iam registrado por causa disso, entre os povos ambiciosos, como é peculiar à vossa humanidade. Mas a distribuição demográfica, sobre a Terra, embora vos pareça uma consequência natural de os povos buscarem a sua sobrevivência, obedece sempre às diretrizes fixadas pelos sábios Etnólogos Siderais, que agrupam as raças em absoluta correspondência às suas idiossincrasias e deveres cármicos do futuro. Se assim não fosse, a humanidade do terceiro milênio encontraria na Terra apenas um solo árido e perturbado pela saturação radioativa, decorrente das energias atômicas a serem empregadas no conflito bélico do último terço do século entre os dois continentes mais poderosos. A Justiça Sideral, que concede a colheita conforme a semeadura, reservou os pólos, com sua nutrição e fertilidade, para ser a "esposa ataviada" dos colocados à direita do Cristo.

PERGUNTA: — *Uma vez que a humanidade do terceiro milênio será constituída de espíritos evangelizados, não seria natural que estes se despreocupassem das riquezas do mundo físico, tornando-se ilógico, portanto, o fato de a Justiça Sideral se preocupar com essa reserva de minerais preciosos nos pólos?*

RAMATÍS: — Referimo-nos ao valor intrínseco desses minerais e não à sua feição ilusória, que dá motivo à cobiça e à insânia humana. O homem atual sente-se eufórico na ingênua competição com o velho pajé, quando ostenta as fulgentes pedras preciosas nos anelões vistosos ou o rubi caríssimo no enfeite da gravata. Ele revive assim os velhos tempos dos silvícolas, quando andava coberto de penduricalhos de ossos e das mandíbulas do guerreiro valente, devorado na festa ruidosa. Entretanto, as reservas de minerais preciosos, existentes nos pólos, irão ter às mãos de criaturas de caráter muito além da média comum do vosso século; serão os alunos selecionados na escola evangélica, isto é, os simples, os pacíficos, os justos, os bons, os sinceros e os humildes, que administrarão aquelas riquezas para o bem da humanidade e não para se locupletarem com elas. Interessar-lhes-á profundamente o minério precioso como elemento de reconstrutividade industrial o aperfeiçoamento da instrumentação de precisão, assim como utilizais o diamante, a platina, a prata ou o ouro na ciência e na técnica odontológica ou cirúrgica.

Os "direitistas" futuros já sabem, atualmente, que os enfeites dourados não concedem as dádivas da paz e da alegria, e que não há júbilo no homem sobrecarregado de jóias, mas dolorosamente deformado; sabem também que o colar de pé-

O Apocalipse – Os tempos são chegados 131

rolas não alivia a dor da mãezinha aflita diante do cadáver do filhinho adorado! O leito de ouro ou o medicamento dado a beber em cálice de prata, cravejado de diamantes, não alivia o corpo massacrado nem apaga o sofrimento do câncer no estômago. Nenhum brilhante refulgente evita a deterioração da carne do leproso, assim como a vivenda recamada de mármore caríssimo, ou atapetada de veludo luxuoso, não consegue abrandar o ódio entre os esposos adversos ou diminuir o sofrimento moral causado pelos filhos delinquentes.

As reservas de materiais preciosos para os futuros habitantes da Terra, no terceiro milênio, significam recursos destinados ao labor útil e ao progresso da escola terráquea, que será agraciada com a promoção para um curso de Mentalismo, na matéria. A riqueza baseada no preciosidade do reino mineral é uma convenção temporária, pois se a crosta do vosso mundo fosse toda formada de ouro e prata, continuaríeis a vos matar em guerras fratricidas se em alguns pontos do globo surgissem pequenos poços de lama que vos produzissem alfaces ou cenouras! É provável mesmo que recolhêsseis a lama em ânforas douradas ou em formosos escrínios refulgentes, porque o lodo seria então o padrão financeiro do vosso mundo, que ostentaríeis nos dedos ou nos pulsos!

PERGUNTA: — A higienização da Terra e a deliberação do Alto no sentido de melhorar o seu clima, para redução das enfermidades, deixa-nos a ideia de que a felicidade vai ser qualidade intrínseca do mundo físico. Não será assim? A nossa principal tendência espiritual não deveria ser no sentido de nos libertarmos da matéria, em lugar de pensar em felicidade neste mundo?

RAMATÍS: — A criança não deve abandonar o curso primário, antes que tenha aprendido as primeiras letras; o estudante criterioso não deixa o seu ginásio, nem o acadêmico a sua faculdade, antes de conhecer perfeitamente as matérias que lhe servirão de base para o exercício da futura profissão na sociedade. E esse aprendizado se faz por escalas, cada vez mais estéticas e progressistas; há profunda diferença entre o ambiente do curso primário, da palmatória, e o da academia, onde os jovens alunos trocam ideias com os seus professores. É óbvio que a cartilha do mestre-escola não serve para explicar a fisiologia do corpo ou a origem do direito humano. O padrão pedagógico e a estatura orientadora do catedrático modificam-se em conformidade com o ambiente e o alcance intelectual dos alunos. Mas, embora os discípulos tenham por exclusivo objetivo libertar-se da escola e expandir a sua capacidade no meio profano, não pensam em fugir dela, mas sim na compreensão exata das lições que lhes são ministradas sob graduação cada vez mais alta.

A Terra, portanto, significa o curso primário que até o momento vos tem servido para o aprendizado do alfabeto celestial; no entanto, ao ser promovida para função superior, exige novo programa didático mais harmonioso e artístico, para atender aos discípulos aprovados no exame do "Juízo Final" e que, após o diploma de bondade e amor, buscam aperfeiçoar-se no curso do desenvolvimento da vontade para as tarefas criadoras do porvir!

PERGUNTA: — Estranhamos, no entanto, que para esses escolhidos, que obtêm uma nota evangélica razoável, seja designado um mundo em ruínas, como será a Terra, onde deverão recomeçar todas as lições já aprendidas. Se os esquerdistas irão para um orbe primitivo, não deveriam os direitistas ir para um orbe adiantado, como prêmio ao seu adiantamento?

RAMATÍS: — Repetimos-vos: — A libertação do estudante não consiste na fuga deliberada, mas no bom aprendizado da lição bem-estudada. O planeta primitivo significa um mundo retificador para os exilados, visto que deverão despertar as suas consciências da hipnose inferior; a Terra será um cenário abalado e desconfortante, porém capaz de ser rapidamente reconstruído cm melhores condições, porque os seus habitantes estarão "despertos" e na plenitude de suas faculdades para agirem sob o critério elevado dos seus objetivos. Na qualidade de direitistas e sob a inspiração direta dos planos espirituais, hão de modelar o ambiente terráqueo ao seu gosto e a seu modo, dando desenvolvimento e aplicação às lições teóricas do aprendizado primário. A reconstrução do cenário terrícola

O Apocalipse – Os tempos são chegados 133

ser-lhes-á de extraordinária oportunidade para a exteriorização de suas próprias edificações interiores, pois haverá desde o chão para lavrar, o santuário para erguer ou as longas vias para remodelar. A reconstrução da Terra não consistirá apenas na varredura dos detritos deixados pelo vandalismo dos esquerdistas, no furor dos conflitos belicosos, mas, principalmente, em plasmar na forma do mundo material aquilo que lhes vivia anteriormente na alma, mas que a confusão humana não os deixava realizar.

Os novos habitantes da Terra hão de aplicar o conhecimento anterior na edificação da nova escola, sem abandoná-la antes do entendimento completo. Tereis que conhecer profundamente os mínimos detalhes do mundo das formas: ele não foi constituído para que o curseis apressadamente, olvidando a profundidade criativa dos reinos da Natureza, que são viveiros assombrosos de energia e de vida! É preciso não esquecerdes de que Jesus, antes de receber o galardão de Entidade Governadora no Cosmo, aprendeu rigorosamente a sua lição sideral no mundo, quando de suas anteriores romagens planetárias, procedendo como o aluno criterioso, que só abandona a escola depois que incorpora com exatidão todo o conteúdo do aprendizado! O espírito deve desenvolver a sua capacidade de criar, para poder cumprir as diretrizes do Alto; que poderá ele edificar se se mantiver febrilmente na ansiedade de libertar-se, antes de saber?

PERGUNTA: — Por que motivo se faz necessária tamanha revolução na Terra?

RAMATÍS: — O acúmulo de resíduos e da substância mental deprimente, originado do desequilíbrio das paixões humanas ou da inversão dos valores espirituais, afeta a aura astroetérica do orbe e chega a produzir modificações perigosas à sanidade corporal, ao reino vegetal e mesmo aos alimentos e líquidos, ocasionando enfermidades estranhas e envenenando, pouco a pouco, a vida no mundo. E a Terra já principia a exalar magnetismo deteriorado; é preciso, portanto, que se processe a necessária limpeza tantas vezes processada em outros planetas que se encontravam nas atuais condições terráqueas. Essa aura magnética corrompida já se estende além dos limites da precisa segurança etérica, e transmite influências perniciosas aos mundos adjacentes, que as registram na forma de "malignidade astrológica". Daí a necessidade da limpeza da Terra pela Técnica Sideral, que providencia então a absorção dos fluidos opressores por outro orbe mais primitivo.

PERGUNTA: — De que modo se acumulam na Terra essas substâncias deletérias?

RAMATÍS: — Esse acúmulo nocivo é produzido pelo desregramento mental das criaturas, cada vez mais insaciáveis nas suas paixões e na realização de objetivos daninhos à harmonia da vida e à educação do sentimento. O homem desenvolveu demasiadamente o intelecto, descuidando-se de purificar o seu sentimento; tornou-se um sábio perigoso, antes de se transformar num homem bom! Abandonando o raciocínio equilibrado, sereno e construtivo, tornou-se um instrumento vivo de guerra, a produzir verdadeiros bombardeios mentais, na forma de cólera, irritação, crueldades, violências, ciúme, orgulho, perfídia e perversão moral! Devido a esse modo brutal de pensar e agir, a atmosfera da Terra está invadida por verdadeiras armas psíquicas, que detonam explosivos mentais e perturbam o eterismo que envolve a consciência etereoastral do orbe; é um contínuo metralhar pernicioso, um dardejar de raios fulminantes e nocivos, criando inextricável floresta de sargaços viscosos, formada pelos detritos produzidos pelos pensamentos impuros!

PERGUNTA: — Desde que esse astro intruso não limpa completamente a aura da Terra, como já nos informastes, pois que a limpeza total só se concluirá no século XXV, desejaríamos saber se não haverá outro orbe, nas mesmas condições do planeta intruso, para efetuar o resto da limpeza.

RAMATÍS: — Não vos esqueçais da classificação que vos demos de "transformadores humanos". Aqueles que transformaram as energias naturais e a substância mental virgem da Terra em magnetismo viscoso e deletério, exigindo essa limpeza tão exótica por parte do astro intruso, também poderão transformá-las em fluido asseado e benéfico, se se transformarem em criaturas cristificadas. Desde que os pensamentos desregrados produzem efeitos deletérios, é óbvio que os bons pensamentos hão de purificar o ambiente com fluidos benéficos. Os habitantes do terceiro milênio, como pacíficos, mansos de coração e adeptos exclusivos do Bem, com pensamentos e sentimentos superiores aos da maioria atual da vossa humanidade, devido ao seu conteúdo mental evangelizado, hão de remover gradativamente o resto do magnetismo deletério do vosso mundo, que deverá estar mais aliviado em sua carga, pela atração do astro intruso. Em lugar de transformarem substâncias mentais de alta para baixa voltagem psíquica, como ocorre no presente, os futuros moradores da Terra serão verdadeiros "purificadores" humanos da carga magnética nociva e restante ainda no ambiente. E até o meado do terceiro milênio o ambiente terrestre deverá ficar completamente saneado, graças à sua humanidade, constituída de almas de um porte espiritual superior.

PERGUNTA: — Mas, após a higienização, não poderiam todas as almas continuar na Terra, sujeitas a uma disciplina e um aprendizado exercidos por criaturas de caráter superior, como serão os futuros habitantes do nosso globo?

RAMATÍS: — Se as almas corrompidas permanecessem no mesmo orbe onde produzem magnetismo deletério, em pouco tempo o mesmo ambiente estaria novamente saturado de carga idêntica à anteriormente eliminada. Seria apenas um recurso bem ao nível da precariedade da inteligência humana, que contemporiza mas não soluciona os seus problemas. A Lei Suprema sabe como garantir as bases definitivas para a harmonia planetária e a ascensão humana!

A higienização completa do ambiente planetário e de sua coletividade assemelhar-se-á às purificações locais que se registram sob a figura dos fenômenos epidêmicos, erupções vulcânicas, tufões ou terremotos, como ocorreu em Sodoma, Gomorra, Babilônia e Pompéia. Em determinadas ocasiões, a Técnica Sideral emprega processos cujas finalidades desconheceis; mesmo o fogo indomável dos incêndios é muitas vezes coordenado para a limpeza de uma rua, de um subúrbio ou vilarejo cujo astral se encontra corrompido por substâncias mefíticas mentais e tóxicas para a vida psíquica. Não tendes visto, por vezes, que o fogo devora quarteirões de cortiços ou agrupamentos infectos e que, ao mesmo tempo que a lei cármica atinge os seus infelizes moradores, em breve se erguem ali edificações novas e limpas, requerendo inquilinos mais higiênicos?

Quantas vezes os desvãos tristes dos velhos casarões são apenas ambientes onde germinam ideias fúnebres, proliferam pessimismos incontroláveis e vivem criaturas compungidas, em atmosfera prenhe de gemidos, de queixas, rebeldias e temores! Subitamente, o raio benéfico rompe as cortinas desses fluidos densos; doutra feita, o fogo abençoado dissolve a substância infecta e, em breve, o ambiente extensamente sombrio e fúnebre, até mesmo nas redondezas, transforma-se em clima arejado sob o qual se ergue outra morada sadia, enquanto os vermes mentais buscam outras zonas mais simpáticas!

Não vos será difícil distinguir a enorme diferença que existe entre a atmosfera nauseante e pungente do matadouro, que é estigmatizado pela impiedade e pela angústia dos animais sacrificados, e o ambiente repousante, limpo e protetor, da igreja! O vosso mundo também não passa de uma atmosfera produzida pelo vosso modo de pensar, agir e sentir. Desde que um aposento afetado pela enfermidade contagiosa exige a profilaxia da creolina ou do formol, por que motivo a enfermidade moral da vossa humanidade não há de reclamar um cauterizante magnético ou uma profilaxia espiritual? Só o espírito de contradição para com a ideia sideral da vida superior é que poderia fazer-vos pensar o contrário!

PERGUNTA: — Supondo que não fosse possível dissipar a saturação causada pelo magnetismo deletério da Terra, quais seriam as mais prováveis consequências disso?

RAMATÍS: — Cremos que, em face do acúmulo exagerado

da substância mental empestada, o reino das trevas não tardaria em dominar quase todo o vosso mundo, no prazo máximo de um milênio! Ele evocaria as épocas atrozes da Atlântida, da Lemúria, Fenícia, Tiro, Sidon, e o culto dos Hititas, quando as almas monstruosas e livres, no Além, se reuniam ali em cultos abomináveis, exigindo dos terrícolas as práticas e os sacrifícios sangrentos das crianças e virgens, que eram atiradas aos estômagos de ferro em brasa dos ídolos fumegantes de Baal e Moloch! As mais abjetas imposições desses espíritos anormais se impunham aos seus sacerdotes devassos e perversos, que na Terra lhes serviam de instrumentos dóceis e providenciavam o "tônus vital" do sangue humano para a insaciabilidade das trevas!

Sob a saturação completa do magnetismo corrompido, do vosso mundo, as almas demoníacas se apossariam completamente do sistema nervoso da humanidade terrícola e a transformariam em infeliz fantoche sem vontade própria, hipnotizada sob a exclusiva ação diabólica e intercambiando as satisfações mais impuras! O Cristo, como o Arcanjo Planetário da Terra, não lograria o sucesso previsto da sua "segunda vinda" no terceiro milênio, em face da aura infeccionada pela substância mental ignóbil e superativa no intercâmbio com o corrompido invisível. Os dirigentes das trevas dominariam facilmente o vosso mundo; a abominação seria incessante entre encarnados e desencarnados, na mais degradante troca de paixões pervertidas. Os espíritos atrasados desceriam à matéria só para saciar-se na carne desvirtuada, enquanto que os "falecidos" tomar-lhes-iam imediatamente os lugares no Além, para a mesma compensação viciosa. Aqui, magotes de criaturas estigmatizadas, na figura de verdadeiros "canecos" vivos, dariam de beber aos viciados alcoólicos sem o corpo físico; ali, seres vencidos pela luxúria e libidinosidade tornar-se-iam verdadeiros prolongamentos vivos da sensação pervertida das sombras no mundo físico; acolá, fantoches aparvalhados, na mais submissa escravidão a espíritos maldosos, seriam instrumentos de vingança e desforra na prática estúpida dos mais nefandos crimes e abjeções!

Podereis avaliar quão dantesco seria o império das trevas sobre a vossa humanidade, se refletirdes somente nos casos isolados que já tendes conhecido em vosso meio: quantos mendigos, ou fidalgos mesmo, escravos da cachaça ou do uísque, não passam de pervertidos vasilhames vivos dos espertos obsessores que daqui lhes comandam a vontade debilitada pelo alcoolismo! Inúmeros homens, distanciados das regras de uma vida sã, convertem-se em verdadeiros focos de sensações ignóbeis; outros, que nada mais são do que médiuns descontrolados, incapazes da terapêutica da humildade, do amor e da tolerância, findam os seus dias no cárcere da matéria, após terem servido como inconscientes "punhais" ou "pistolas" vivas para vinganças solenes das sombras!

O meio deletério, sem recurso de higienização, seria magnífica "ponte" para a semeadura tenebrosa dos rebeldes contra a Luz do Senhor; nasceria então, entre vós e as fontes do mal, uma agitada escada de Jacó, em sentido subversivo, ante a facilidade do meio viscoso, denso e pétreo, que culminaria no mais abominável círculo vicioso, bestial e satânico. A Terra seria a ampliação de Sodoma ou Gomorra, na mais pungente soma de apetites luxuriosos e cínicos, que terminariam subvertendo até as consciências ansiosas de se libertarem do veneno letal do meio. Em face desse astral impermeável às providências angélicas, a humanidade terminaria dementada pelo desregramento completo, a exigir arregimentação tal de recursos siderais de operação no Cosmo, que não mais compensaria o seu despertamento consciencial. Ela seria composta de espíritos petrificados na sua consciência pelo excesso de aviltamento!

PERGUNTA: — Esse astral deletério, que favorece a ação vigorosa e o êxito das trevas, anula porventura a defesa natural daqueles que querem ter uma conduta angélica? O meio desregrado extingue, então, o coeficiente da garantia espiritual dos homens íntegros?

RAMATÍS: — Assim como os cactos sobrevivem na causticidade do deserto e o lírio germina até nos pântanos, nenhum ambiente infernal ou corrompido conseguiu subverter o conteúdo espiritual e íntegro de Buda, de Francisco de Assis ou de Jesus.

É claro que esse tipo de criaturas absolutamente cristificadas reduz-se hoje a insignificante quantidade, porquanto o que ainda predomina no vosso orbe é a ignorância espiritual, a debilidade psíquica. Sabeis que, se aumentardes o charco, não aumentareis os lírios, mas sim a fauna de répteis e batráquios. O que faz com que os possuídos de boa-vontade em ascensionar peçam ainda o socorro do ambiente higienizado, para que se apure mais rapidamente o seu conteúdo psíquico, é a natural debilidade da consciência humana. Embora os que estão fortalecidos por uma postura evangélica não se percam nos meios deletérios, o auxílio seletivo do meio ajuda-os a se decidirem nas suas oscilações entre o mundo de Deus e o de César, o de Cristo e o de Mamon.

PERGUNTA: — Ante esse contínuo acúmulo de matéria psíquica nociva, no nosso mundo, como deveremos defender-nos da corrupção que se alastra tão evidentemente?

RAMATÍS: — Depois que a luz do Cristo se refletiu no vosso mundo sombrio, não vislumbramos graves problemas para conseguirdes a vossa proteção espiritual, porquanto tendes uma defesa eficiente e indiscutível, para isso, na libertação do vosso espírito das ilusões do mundo material. E, conforme já vos comprovaram os excelsos espíritos libertos das seduções da carne, o meio para o conseguirdes é o Evangelho! Tipos como Nero, Torquemada, Messalina, Bórgia ou Hitler foram produtos germinados a distância do Evangelho, enquanto que Vicente de Paulo, Estêvão, Francisco de Assis, Maria de Magdala, Paulo de Tarso ou os cristãos sacrificados em Roma, foram consequências vivas dos ensinamentos de Jesus!

Essa a fórmula única e indiscutível; nenhum outro código, por mais excelente ou refulgente, ou mesmo qualquer produto avançado, de magia, elaborado em augusto templo iniciático, há de imperar com mais eficiência salvacionista na própria hecatombe final. Só o amor crístico, pregado pelo Sublime Messias, proteger-vos-á contra as arremetidas das Trevas. Será loucura tentar apagar o braseiro maléfico com novos punhados de brasas da maldade do homem! A marca da angelitude é o amor, a bondade e a submissão, que não geram a força do ódio ou a intensidade da cólera. As únicas armas capazes de vencer as hostes diabólicas ou as investidas da Besta são as que serviram aos cristãos nos circos romanos e aos apóstolos na hora do sacrifício — a submissão incondicional ao Evangelho!

8.
O terceiro milênio
e a nova humanidade

PERGUNTA: — Achamos demasiadamente otimista o que tendes dito até agora sobre o advento do terceiro milênio, dado o prazo exíguo para que se cristianize completamente a nossa humanidade. Não é exato?

RAMATÍS: — Não somos nós que atribuímos ao terceiro milênio as prerrogativas de trazer a cristianização da humanidade terrícola; é a milenária voz da profecia que assim o diz.

O terceiro milênio está implicitamente configurado nas seguintes passagensdo livro do Apocalipse de João Evangelista: "E eu, João, vi a cidade santa, a Jerusalém nova que da parte de Deus descia do céu, adornada como uma esposa ataviada para o seu esposo" (Apocalipse, 21:2). "E não entrará nela coisa alguma contaminada, nem quem cometa abominação ou mentira, mas somente aqueles que estão escritos no livro da vida e do Cordeiro" (Apocalipse, 21:27). "E não haverá ali mais noite, nem eles terão necessidade de luz do Sol, porque o Senhor Deus os alumiará, e reinarão por séculos e séculos" (Apocalipse, 22:5).

O apóstolo evidencia a natureza do mundo do próximo milênio: a Jerusalém nova, como símbolo da civilização constituída pelas almas selecionadas, ou seja, a nova humanidade, distante da abominação, da mentira ou de qualquer coisa, contaminada, e composta daqueles que, definitivamente evangelizados, estão escritos no livro do Cordeiro, o símbolo da renúncia, do amor e do sacrifício exemplificados por Jesus.

Ali não haverá mais noite (símbolo das trevas, das paixões desregradas e das sombras do sofrimento) nem haverá necessidade de luz do Sol, porque os direitistas serão exatamente os homens interessados no mundo espiritual, onde o sol pontifica e dá a vida. A futura humanidade deixar-se-á alumiar pelo Senhor Deus, porque será desprendida das exigências e das disposições draconianas do reino material.

Justifica-se, pois, esse otimismo a que vos referis, em relação ao terceiro milênio, porque todas as tradições proféticas, que seria longo enumerar, situam-no como o início da era crística e do reinado do "povo de Deus" sobre a Terra.

PERGUNTA: — *Essa seleção apressada para um outro planeta, e as modificações violentas na verticalização do eixo da Terra, serão suficientes, porventura, para que o terceiro milênio se nos apresente completamente harmonioso? Há de suceder em meio século, aquilo que não foi possível conseguir-se em vários milênios, como seja a verticalização do espírito?*

RAMATÍS: — É claro que não deveis aceitar um acontecimento miraculoso, em que o homem se angelize subitamente, apenas sob o toque da magia sideral do esperado terceiro milênio. O "Juízo Final" expurgará para ambientes adequados os espíritos que não se ajustam à urgência da Terra em se ajustar às novas funções astrofísicas, que lhe foram previstas pelos Mentores Siderais durante a sua formação astronômica.

Oportunamente vos daremos esclarecimentos sobre o que significam os "carmas" das galáxias, das constelações, dos sistemas planetários, dos orbes e satélites. Então podereis verificar que o espírito abusa do seu livre-arbítrio e não se ajusta ao carma aperfeiçoativo da massa planetária em que reside. O grau de progresso previsto para o globo terráqueo, no próximo milênio, estabelece-lhe, também, um novo padrão geológico e uma carga de espíritos em sintonia com a sua nova situação.

PERGUNTA: — *Uma vez que somos todos fadados à Felicidade Eterna, não será força de expressão essa apressada seleção compulsória sob acontecimentos trágicos? Não poderia ocorrer a maturidade espiritual sem a preocupação de urgente angelização em um terceiro milênio feliz?*

RAMATÍS: — Não deveis pensar que Deus criou recursos extemporâneos, obrigando a caravana espiritual a se apressar na escadaria evolutiva. Ele edificou o Cosmo com objetivos definitivos que ainda ignoramos. Naturalmente, somos parte do Grande Plano e constituímos detalhes de certa importância, apesar das degradações provisórias e da insignificância de nossas vidas em relação à magnitude do Universo. Mas guardamos a esperança da afirmação de Jesus, de que o reino de Deus está no homem, o que nos demonstra que a insignificante gotícula espiritual humana é projeto definitivo de um oceano de luz e de sabedoria sideral! Assim como o secular carvalho existe potencialmente na bolota e o gigantesco pinheiro no modesto pinhão, o Arcanjo Planetário está potencialmente vivo na rudimentar centelha que forma a consciência bruta do selvagem. A bolota insignificante se transforma em frondoso carvalho, despertando as suas forças latentes e ampliando a sua consciência vegetal para dominar o meio ambiente; à medida que a semente dá vazão às suas energias internas, abrange maior zona de consciência vegetal e apodera-se, também, de maior área de ação. Cresce em consciência e em poderio vegetal; serve-se, então, das energias ambientais em conexão com as energias que lhe atuam na intimidade, para despertar a configuração da árvore benfeitora, cujo molde etérico já estava resumido no átomo-semente.

Assim como, para a centelha humana atingir a configuração planetária, existe um caminho, que é o Cristo, ou seja, o Amor em sua plenitude cósmica, a bolota só alcança a plenitude do carvalho através da "afinidade" química, que é o amor vegetal. A semente centraliza as suas forças internas e as combina harmoniosamente com as energias do meio em que é chamada a crescer; o espírito do homem concentra o seu potencial interno sob a presença mais íntima do Cristo, e se põe em relação amorosa e fraterna com a humanidade que o cerca, para então abranger maior porção de Deus. No entanto, a questão de pressa, ou demora para essa mais breve realização espiritual, é problema do homem e não de Deus; é coisa toda particular do próprio espírito interessado no assunto. Este é que decide se estuga o passo ascensional ou se o retarda; o problema é excepcionalmente íntimo. Deus, em sua Bondade, Sabedoria, justiça e Amor, limita-se a conceder oportunidades para aqueles que preferem apressar-se, assim como favorece ambientes apropriados para os que preferem demorar na escalonada. A seleção do "Juízo Final", na separação do trigo e do joio, tem por precípuo objetivo criar mais decisivamente essas duas oportunidades: o apressamento para os direitistas e o recomeço ascensional para os esquerdistas. É uma indiscutível decisão pessoal deles, e que o Pai, magnânimo como sempre, respeita ao conceder os poderes do livre arbítrio aos seus filhos, poderes estes que só faz cessar quando eles prejudicam os direitos alheios.

PERGUNTA: — *Qual um exemplo mais objetivo das vantagens da seleção no "Juízo Final"?*

RAMATÍS: — Considerai a humanidade terrícola como se fosse um imenso jardim, em que as rosas e os cravos, a fim de sobreviverem, lutam ardorosamente contra as ervas daninhas, que se multiplicam e asfixiam os espécimes inofensivos. A situação só poderá ser salva, nesse jardim, mediante a intervenção urgente do jardineiro, que deve então arrancar as ervas más e lançá-las para fora do jardim, desimpedindo-o para o crescimento satisfatório das espécies delicadas. A ausência das ervas ruins favorecerá a proliferação vigorosa das flores, assim como a emigração dos espíritos daninhos da Terra, para outro planeta, tornará o ambiente terráqueo mais favorável para o breve progresso dos bem-intencionados.

PERGUNTA. — *Assim que se sucederem todos os acontecimentos previstos para o "Juízo Final", o terceiro milênio há de surgir como um deslumbrante ensejo de espiritualidade e sanidade moral?*

RAMATÍS: — Não deveis sujeitar os acontecimentos siderais ao controle do vosso calendário humano, que se baseia nos movimentos corriqueiros da Terra em torno do Sol. Antes

O Apocalipse – Os tempos são chegados 145

que o terrícola houvesse criado o calendário humano, os eventos do "Juízo Final" já estavam determinados com absoluta precisão, nos planos da engenharia sideral. Não é a ampulheta terrestre que há de determinar, especificamente, a época exata dos fatos proféticos, mas são os sinais dos tempos, previstos pelas profecias do passado, que assinalam o momento chegado. Não há afobação, na mecânica sideral, para que esses acontecimentos se realizem exatamente em vésperas do terceiro milênio ou sejam registrados à última hora, para não ultrapassarem as tradições humanas. O terceiro milênio é o ensejo repleto de melhores esperanças para a vossa humanidade, porque é exatamente o período que se sucede aos mais importantes acontecimentos do vosso mundo. A Terra não se verticalizará apressadamente para o advento de um terceiro milênio dourado; isso é apenas modesto detalhe, quase imperceptível, relacionado com o Grande Plano. Não se trata de proceder à edificação de súbito viveiro de anjos vencedores de um concurso celestial denominado "Fim do Mundo", mas sim de oferecer melhor oportunidade para a felicidade humana. Os colocados à direita do Cristo, que se reencarnarão sucessivamente na Terra, nem por isso ficarão isentos de contínuo labor para a sua definitiva alforria espiritual. Terão que desenvolver, também, as qualidades latentes que dormitam na sua intimidade, assim como a semente se desenvolve melhor em terreno mais fertilizado. É óbvio que o ambiente higienizado, da comunidade seleta do terceiro milênio, exigirá também mais responsabilidade espiritual aos seus componentes. Os deslizes e as negligências futuras terão aspectos mais severos porque, embora não sejam delitos destrutivos, como os que praticais atualmente, terão maior repercussão no ambiente selecionado. O furto pode não ser considerado um crime entre os salteadores comuns, mas transforma-se em horrível delito se praticado por sacerdotes, no ambiente religioso! É menos grave a culpa do garoto que quebra artística vitrina de luxo, do que a do homem que apenas borra a pintura da casa do vizinho!

Isto considerado, embora o próximo milênio se torne feliz ensejo de elevação espiritual para os direitistas, a ascese espiritual continuará tão intensa e severa como antes, para que a gestação interna do anjo não seja sacrificada pela excessiva confiança no meio higienizado. O traje de seda exige ainda mais cuidado do que a roupa de algodão!

PERGUNTA: — *Qual a situação desse ambiente higienizado pelo astro intruso, após a verticalização da Terra e o início do terceiro milênio?*

RAMATÍS: — As convulsões geológicas e as inundações, como produtos naturais da elevação do eixo terráqueo nos acontecimentos profetizados, não permitirão, logo de início, uma absoluta estabilidade e segurança mesológica. Devido à mudança das linhas tradicionais do equilíbrio geofísico e do magnetismo terráqueo, continuarão a registrar-se, ainda, certos impactos subterrâneos, embora cada vez mais fracos. Apesar de apresentar a Terra satisfatórias condições de habitabilidade, a humanidade terrícola ainda não encontrará, no princípio do terceiro milênio, um panorama edênico e venturoso. Serão aplicados todos os esforços e conhecimentos artísticos, científicos e educativos, para a edificação de um cenário agradável à existência humana dos escolhidos. O êxito desejado não será obtido de modo "ex-abrupto", mas sim no decorrer dos primeiros dois ou três séculos, como fruto do entendimento entre as criaturas bem-intencionadas. Distantes das angústias atuais, em que o fantasma da guerra exige que a melhor parte dos proventos humanos seja transformada em armamentos assassinos, todos os esforços e realizações hão de convergir apenas para um só objetivo — um mundo melhor!

Ao começo, quase tudo estará por fazer e renovar. O final do vosso século será qual o fim de uma festa bacânica, em que os destroços se amontoam por todos os cantos, em face da incúria do homem e da brutalidade dos elementos da Natureza justamente irritados pela agressividade humana. Às margens dos mares, lagos e rios e os novos panoramas geográficos, as ruínas batidas pelos ventos melancólicos das intemperanças e desilusões humanas, demarcarão os restos de algumas orgulhosas civilizações, que se submergirão sob as paixões desregradas e a distância do Cristo amoroso.

A face enrugada da Terra, os cenários inéditos e as inúmeras surpresas consequentes da elevação do eixo, hão de requerer novas providências no reajuste e na classificação geológica. A vegetação selvática, nutritiva e seivosa, revelando-se através de espécimens gigantescos, na região dos pólos degelados, inspirará um viveiro de indústrias pletóricas para o bem da humanidade renovada. Graças aos registros da memória "psicoetérica" do homem, onde se reflete o resumo de toda a escalonada do espírito, ele fará inteligentes adaptações ao panorama modificado, e a sua experiência do passado induzi-lo-á a eliminar o excessivo, o fútil e o inadequado, para só edificar agrupamentos cercados do essencialmente benéfico e necessariamente indispensável. Não se verão mais os mostrengos atulhando os cemitérios, na forma de ricos mausoléus que atestam a vaidade humana ainda depois da morte; desaparecerão os monumentos graníticos que estratificam o orgulho dos homens nas praças públicas, apenas porque cumpriram o dever que se lhes havia solicitado como aos mais credenciados para certas responsabilidades!

A existência humana, no terceiro milênio, será toda consagrada ao bem comum; os valores espirituais hão de predominar sobre as estultícias das gloríolas bordadas nas pedras e gravadas no solo instável de um mundo em transe para novas configurações futuras. Todo o aspecto edificativo do mundo deixará sempre uma fisionomia de transitoriedade; perceber-se-á que o homem já delineia as suas atitudes para o fim espiritual, olvidando pouco a pouco a preocupação aflitiva de eternizar-se no meio físico. E a estabilidade do clima, pela perpendicularidade do eixo e a ausência das variações tempestuosas, que são produtos dos desequilíbrios barométricos, auxiliá-lo-ão a compor uma vida tranquila e profundamente saudável.

PERGUNTA: — *Então, o terceiro milênio é o período almejado para a felicidade humana! Não é assim?*

RAMATÍS: — O período almejado para a felicidade humana deve ser o estado de equilíbrio e de harmonia entre o próprio ser e o meio que elege para a sua atuação. Esse meio não pode ser o "habitat" dos mundos materiais, pois a matéria, como substância provisória, está condenada à dissolução.

Não há ventura definitiva sobre as coisas provisórias, cuja instabilidade gera a inquietação e a desconfiança. A felicidade do espírito aumenta na razão direta do seu esclarecimento e conhecimento espiritual. Conforme afirma Paulo de Tarso, o homem precisa saber "o que lhe convém", porque com a simples substituição de desejos maiores não se cria a Felicidade! A insaciabilidade não é ventura, mas contínua transferência de sonhos e ambições: é um estado de inquietação e insatisfação ante a ignorância da criatura, que ainda não sabe realmente o que quer, como diz Paulo.

O terceiro milênio não significará um cenário festivo, celestial, adrede preparado pelos Mentores Siderais, a fim de serem premiados os vitoriosos com boas notas no exame de seleção espiritual! É o panorama adequado para se agruparem as almas de ideais superiores e distanciadas da veemência das paixões animais, mas exigirá a aplicação tenaz e construtiva do novo habitante, a fim de que forme o ambiente de sua expressão espiritual superior. No entanto, os propósitos de alta espiritualidade e a vontade disciplinada é que edificarão a formosa coletividade crística e a paisagem delicada de inspiração angélica.

O novo "habitat" será agradabilíssimo pela harmonia das relações humanas em nível evangélico e pela ventura geral do entendimento fraterno coletivo. Assim como há paz e ternura no seio de uma igreja, há o desregramento e a insegurança nos lupanares! A atmosfera do templo reservado à oração supera consideravelmente o ambiente do cabaré, que é lugar de devassidão! Assim como os fiéis constroem a igreja para tranquilidade de sua devoção, os direitistas do Cristo farão da Terra a abóbada protetora de suas condições psicológicas de auto-evangelização.

Conheceis, no vosso mundo, os que se afligem para conseguir o êxito com a melhor decoração dos ambientes de orgia carnavalesca, e também os que se afligem para melhor ornamentar o seu templo. O cenário do terceiro milênio será sempre uma conquista pessoal, uma edificação gradativa e de ordem superior; nenhum "maná" cairá do céu, como recompensa aos que sobreviverem aos desregramentos dos fins dos tempos; eles deverão construir um mundo melhor com o material mais delicado que a Divindade lhes oferecerá nos séculos porvindouros. Certos povos, arruinados pelas guerras e morticínios, conseguem rapidamente a renovação dos seus valores destruídos, e chegam a oferecer padrões melhores no seu reerguimento artístico, científico ou econômico, muito além das realizações idênticas dos seus próprios vencedores! Muitas vezes, as derribadas das formas arcaicas e das edificações seculares trazem a público os péssimos costumes morais e injustiças praticadas à sombra da maldade humana. Os impactos violentos nem sempre são especificamente destruidores; comumente estabelecem oportunidades louváveis para um aprimoramento mais rápido e superior! Assim, o aspecto catastrófico do "fim do mundo", da vossa humanidade anticrística, encontrará louvável compensação na vigorosa ascensão social e espiritual do terceiro milênio, no qual se concretizarão inúmeros sonhos de beleza e da confraternização tão desejada pelos homens de boa-vontade!

PERGUNTA: — Não haverá, porventura, desarmonias nas relações humanas, no terceiro milênio, coincidindo que todos os moradores da Terra se sintam plenamente satisfeitos?

RAMATÍS: — Não vos esqueçais de que a próxima humanidade será constituída dos escolhidos, colocados à direita do Cristo! As suas relações futuras se processarão, por isso, sob a mais absoluta sinceridade espiritual, e todos os esforços na esfera da arte, da ciência, da economia e do sentimento religioso serão disciplinados por acurado planejamento, onde a mais importante preocupação não será a de não se perder "tempo", que é valor precípuo atualmente, entre vós, mas sim a do que seja **melhor** e mais **cristão**. O Evangelho do Cristo será o Código protetor de tal civilização, como garantia moral e social; a lei da reencarnação constituirá o postulado principal a ser tido em vista por todos os direitistas, em relação aos interesses humanos, motivo pelo qual se enfraquecerá esse demasiado apego do homem atual aos valores materiais. Os "tesouros que a traça não rói e que a ferrugem não consome" dificilmente provocarão conflitos ou desinteligências entre os homens. Os prazeres da alma hão de predominar sobre as emoções instintivas do corpo, porque a sensibilidade espiritual não encontrará entusiasmo ou júbilo na gama instintiva da paixão violenta e inferior. Os intercâmbios festivos da amizade pura, e o cuidado fraterno recíproco entre todos, predominarão como prazeres altos, em lugar da ventura primitiva consistente na exposição de vestuários luxuosos, jóias, berloques e quinquilharias que formam os penduricalhos do atual corpo humano. Pouco a pouco, o que é efêmero, trivial e grosseiro deixará de ser coisa cobiçada, para ser devidamente substituída pelos bens morais. O conceito de felicidade será um ideal mais compatível com as conquistas duradouras do espírito; não se cultuará insaciavelmente a ânsia de ser feliz na aflição louca da almofada do automóvel luxuoso, na epicurística digestão do "caviar", na bebericagem corrosiva do uísque aristocrático ou na competição sexual animalizada. Os prazeres digestivos sobre a morbidez das vísceras animais serão relegados a plano inferior; o homem sentar-se-á à mesa para alimentar-se e não para efetuar truculento festival dos sentidos físicos. Consciente de sua realidade espiritual, que sobrevive à dissolução do corpo de carne, não sentirá prazer em compensar com as bagatelas do mundo físico e provisório aquilo que pode cultuar para a vida definitiva da alma!

PERGUNTA: — *Podemos imaginar que a Terra, pela primeira vez em sua história, há de galgar uma posição mais adiantada na pedagogia sideral?*

RAMATÍS: — A Terra, pela primeira vez na sua história sideral, encontra-se no limiar de sua promoção para a condição de academia espiritual! Sob o manto de fluidos densos do magnetismo deletério que esvoaça em sua atmosfera psicofísica, o vosso orbe é como a escola primária no fim do ano letivo. Na mente do engenheiro responsável pelo seu destino, já se delineou o projeto para a edificação compatível com as novas funções a que tem direito no futuro. Evocando o seu passado como um corpo planetário, constituído pelos quatro elementos da magia hermética, água, terra, fogo e ar, o globo terráqueo representa a mãe extremosa, em cujo regaço fermentaram cortejos de almas na gestação para as divinas esferas da angelitude! Na figura de abençoado cadinho de energias telúricas e viveiro incessante de espíritos em ebulição para a glória de "conhecerem-se a si mesmos", dificilmente a alma humana compreenderá quanto deve ao seu planeta, responsável pela consciência de ser e existir. Muitos anjos que planam as suas asas de Amor e Sabedoria sobre a vossa humanidade, curvam-se, comovidos, rendendo hosanas à Terra, como a matriz materna de suas consciências espirituais. E na sua função heróica de compor as linhas demarcativas de incontável número de espíritos em eterna ascensão, ela vê os seus filhos queridos partirem, como libélulas que se alcandoram no espaço e desaparecem na visão cerúlea do Infinito!

É justo, pois, que a Alta Hierarquia do Senhor dos Mundos tenha autorizado o desvestimento do véu sombrio dos fluidos oprimentes do vosso mundo, para que lhe seja ofertada a túnica radiosa da promoção acadêmica!

PERGUNTA: — Em virtude de o próximo milênio seguir--se à hecatombe do "Juízo Final", os escolhidos da direita do Cristo não hão de sofrer com a situação caótica do meio em que irão reencarnar?

RAMATÍS: — As civilizações mais importantes, no próximo milênio, constituir-se-ão nas zonas menos atingidas pelas catástrofes profetizadas para o fim do mundo. Algumas florescerão exatamente nas regiões onde atualmente se encontram os pólos congelados, conforme já enunciamos, a fim de ser aproveitada a exuberância das reservas que surgirão à luz do dia e que se acham debaixo das camadas regeladas. Nem todos os países e agrupamentos serão atingidos catastroficamente pelas comoções geológicas, submersões de faixas litorâneas e pelas inundações inevitáveis, porquanto a elevação do eixo se processará gradativamente. No plano traçado pela engenharia sideral já foram assinaladas as coletividades que devem permanecer como sustentáculos das tradições morais, históricas e iniciáticas, a fim de servirem de base lógica e sensata para o desenvolvimento disciplinado da civilização futura. Supondo-se que seja mesmo encontrado um cenário caótico, pelos reencarnantes selecionados, é mister compreenderdes que a ventura íntima do espírito evangelizado supera qualquer configuração precária do mundo exterior. Embora o ambiente funesto do necrotério, ou do matadouro, desperte na alma bem-formada um estado de doloroso confrangimento, enquanto a paisagem primaveril se associa a júbilos espirituais, a consciência superior termina sempre superando a influência do meio agressivo. A paz e o entendimento afetivo da família, na choupana do pobre, superam a amargura e o ódio que fazem morada nos aposentos dourados dos palácios luxuosos! Os insultos que repercutem nas paredes de mármore custoso ou sobre os vasos preciosos são desgraças irremediáveis ante as palavras afetuosas e cristãs escutadas pelas paredes de barro amassado!

PERGUNTA: — E os direitistas terão que gastar muitos séculos para ajustarem o meio exterior à sua harmonia espiritual?

RAMATÍS: — A ascensão espiritual é programa de longo curso no seio do Infinito e na concepção da Eternidade! O simbolismo bíblico de que "mil anos terrestres equivalem a um minuto para Deus", serve para dar-vos a pálida ideia do extenso caminho que a alma deve percorrer para a sua definitiva libertação espiritual. Após o período de demolição das formas arcaicas e disformes, e a reeducação dos estigmas viciosos, como tendências hereditárias deixadas pelos esquerdistas emigrados da Terra, suceder-se-ão mais ou menos cinco séculos, para a completa reconstrução nos moldes psicológicos da nova ética espiritual.

PERGUNTA: — Podemos conjeturar que no terceiro milênio existirão os mesmos credos religiosos que atualmente operam na Terra?

RAMATÍS: — A unidade religiosa, absoluta, ainda não é advento para breve, no vosso mundo, pela mesma razão por que a humanidade não poderia preferir exclusivamente um só tipo de flor ou de perfume. O terceiro milênio será o início de verdadeira aproximação fraterna entre os seres, sob o regime de generosa tolerância; os credos religiosos que atenderão às idiossincrasias dos seus devotos suavizarão as suas fronteiras dogmáticas e providenciarão maior intercâmbio entre os vários adeptos. Inúmeras associações desportivas do vosso século, embora cultuem insígnias diferentes, costumam promover festividades e encontros afetivos, sem que por isso desapareçam os seus objetivos e preferências a parte. É certo que sempre haverá, ainda, no terceiro milênio, um eco das raízes profundas firmadas pelas atuais religiões dogmáticas e tradicionalistas, tentando uma hierarquia sacerdotal a fim de liderarem o pensamento religioso da nova humanidade; mas será apenas uma tentativa de agrupamento simpático, sem a costumeira agressividade ideológica ou o combate sistemático que ainda se faz nas tribunas infelizes. Os direitistas, fundamentados no princípio da renúncia crística, hão de preferir sempre sacrificar o seu credo, para não ser imolado o princípio do Amor!

PERGUNTA: — *O espiritismo codificado por Allan Kardec não predominará, porventura, no terceiro milênio, uma vez que nasceu com a denominação de Terceira Revelação?*

RAMATÍS: — A doutrina espírita, como ciência e filosofia que disciplina e coordena os impulsos religiosos da criatura, para "religá-la" ao Criador, já pode ser considerada a mediadora crística de todos os esforços e movimentos ascensionais do homem. Ela possui o "toque mágico" capaz de avivar raciocínios para as pesquisas mais aprofundadas no campo iniciático ou corrigir o pensamento infantilizado dos religiosos presos aos lendários dogmas carcomidos pelo tempo. Na sucessão dos vossos dias, já podeis verificar que todas as soluções racionais, inconfundíveis e penetrantes no futuro, estão manifestas nos postulados espíritos, assim como a loja floral possui as sementes das flores mais belas e de perfumes mais raros. Qualquer acontecimento supranormal que atualmente se registra nas instituições ou hierarquias religiosas, nos departamentos administrativos, nos lares ou nas relações sociais do mundo, que desafiam as explicações lógicas da ciência acadêmica, terminam sempre obtendo a sua explicação racional e sensata sob o raciocínio espirítico. Aumenta a porcentagem das coisas que confirmam a revelação espírita e diminuem as que a desmentem! Allan Kardec, sublimemente inspirado — o que lhe valeu a denominação de "a encarnação do bom-senso" ante o seu esforço heróico de trabalho e de abnegação por uma ideia mais compatível com a cerebração do século XX — codificou doutrina de tal envergadura e profundidade espiritual, que a simples adesão do homem aos seus postulados já lhe vale um diploma de bom-senso e um emblema de sadia inteligência!

Quando a maioria dos conjuntos religiosos e espiritualistas se debilita pelo anacronismo de suas bases dogmáticas; quando os próprios esforços iniciáticos definham em grupos isolados e no silêncio egocêntrico das "afinidades coletivas", o espiritismo, lembrando a doce imagem de Jesus, estende o seu manto fraterno e, qual ave benfeitora, acolhe todos os seus simpatizantes e detratores, as luzidias mentalidades e as débeis cerebrações, os moços entusiastas e os velhos alquebrados, as almas passivas e os espíritos dinâmicos! E, contradizendo a própria ética de que, à medida que a ciência acadêmica evolui, enfraquecem-se os postulados infantis das religiões conservadoras, o espiritismo remoça, reverdece e se amplia na sua configuração sensata e lógica, porque os experimentos científicos, em lugar de desmenti-lo, ainda o comprovam nos seus postulados de mais de cem anos!

E quando a Ciência comprovar à luz meridiana dos seus gélidos laboratórios que o espírito é imortal e sobrevive à dissolução do corpo físico, paradoxalmente, não será a Ciência quem fará jus à glória da descoberta mas, na realidade, a doutrina espírita, que há de merecer então o galardão, como precursora do raciocínio científico e lógico, doado claramente às massas humanas! Em consequência, esse mediador crístico, aferidor de raciocínios geniais e precursor das mais avançadas experimentações científicas relativas à sobrevivência da alma, assim como revelador da Lei da Reencarnação, será o mais importante "diapasão" para a decisiva afinação instrumental da orquestra religiosa do terceiro milênio!

PERGUNTA: — No terceiro milênio não deviam predominar as instituições que propagam a necessidade da busca da verdade interior e da meditação silenciosa do espírito? Sempre tivemos particular predileção pelas tradições iniciáticas, que desenvolvem nos seus adeptos o conhecimento das hierarquias ocultas do Cosmo!

RAMATÍS: — Indubitavelmente, na mesma atitude ou longitude cósmica, hão de viver almas cuja compreensão e conhecimento da verdade cósmica se distanciam por milênios incontáveis. Entre o sábio que preleciona sobre a composição eletrônica dos átomos, e a criança que adormece no colo do assistente, enorme é a distância que os separa no entendimento. Da mesma forma reconhecemos que há, entre o neófito espírita, exclusivamente submerso na sua doutrina, e o espiritualista afeito ao conhecimento iniciático, um extenso abismo de compreensão. Examinando a nossa própria romagem pelo vosso mundo, no interior dos templos iniciáticos, tivemos ocasião de verificar que o homem comum e sectarista sempre se destruía no campo profano, vitimado pela sua incúria espiritual, enquanto o cultor da alta iniciação permanecia fiel ao Cristo Planetário. Mas devemos reconhecer a profunda diferença de compreensão espiritual da humanidade naquelas épocas recuadas, humanidade essa que ainda se encontrava esclerosada na ferocidade absoluta das paixões animais e nos primeiros pruridos conscienciais de "existir". Esse infantilismo de consciência só era dominado diante do milagre ou dos deuses vingativos, ferozes, que deviam punir impiedosamente. No entanto, o século atual é exatamente o limiar da vossa maturidade espiritual; já não se justifica mais a convicção de que o processo espiritual ter-se-á que fazer exclusivamente a portas fechadas, quando o despertamento se faz compreensível pelo Cristo Operante! Antigamente, os cálices sagrados dos nossos templos iniciáticos eram verdadeiros "oásis" no deserto das trevas humanas, onde a chama crística brilhava com suaves acenos para as regiões mais altas. No presente, as grandes confrarias que ainda se resguardam nas zonas solitárias de melhor padrão psicoetérico conservam ciosamente os remanescentes históricos dos grandes esforços iniciáticos do passado, como a vanguarda vigilante que, no mundo físico, forma o elo santificado com as grandes hierarquias das Fraternidades Brancas, situadas nos planos espirituais inacessíveis ao entendimento humano! Constituem o celeiro nutritivo das almas que se entregam à meditação e à procura interna do "Eu Sou", na divina espontaneidade de assear a mente e burilar o espírito no campo da consciência mais alta. Mas os que assim se reservam, nos pequenos hiatos da vida agitada do vosso orbe, ainda ferreteado pelo materialismo das formas escravizantes, são as antenas vivas e os cálices humanos que recepcionam as forças puras e que ateiam o fogo sagrado na alma em aprendizado cósmico. Essa minoria, que sempre existiu e nunca será do conhecimento do homem profano, também existirá no terceiro milênio, como a "ponta de lança" viva entre as sombras terráqueas e as luzes edênicas! Mas será sempre um pequeno punhado de homens excepcionais, porquanto significam a qualidade que serve para manter a temperatura angélica na **qualidade humana** reencarnada. Essa é a Lei!

No terceiro milênio também se constituirão credos e doutrinas bastante semelhantes entre si, prosseguindo na faina sublime de compor novas consciências devotadas aos postulados religiosos, a fim de mais tarde se constituírem nas grandes consciências que hão de extinguir a Ilusão da vida humana, para existirem plenamente no mundo espiritual!

PERGUNTA: — Por que motivo louvais o iniciado consciente de sua plenitude espiritual, e afirmais depois que "não mais se justifica a iniciação a portas fechadas"? Não haverá certa contradição nessa vossa afirmação, que parece negar o valor do trabalho iniciático?

RAMATÍS: — Assim nos referimos, em face da urgência do momento em que os acontecimentos trágicos do "Juízo Final" — uma falência em liquidação, às vossas portas — exigem urgente modificação de conduta e direção espiritual a mais certa possível! Muitos espíritos que adquirem profundos conhecimentos na atmosfera do templo iniciático, nem por isso conseguem vivê-los cristicamente à luz das relações cotidianas e dos interesses comuns. Estamos cansados de observar a longa lista de "mestres" que sabem recitar longos "mantras" em preciosa sintonia iniciática; que sabem evocar, sibilinamente, os "devas" da natureza; que manuseiam com firmeza técnica a "bioquímica transcendental" no campo da magia ou da alquimia mental e guardam o sigilo de "não atirar pérolas aos porcos" fora das colunas do templo, mas que não passam de "iniciados modernos", que falham nas mais prosaicas experimentações da lei comum do mundo e fracassam nos mais comezinhos princípios de entendimento com os párias da vida! Alardeando conhecimentos, num fraseado fascinante, da ética esotérica, tecendo brilhantes exposições da gênesis oculta e conhecendo roteiros geniais da integração do Logos planetário, ou sincronizando-se ao "fluxo vivo" da vibração solar, arrasam-se num segundo ante um gesto, uma resposta ou um conceito irregular acerca do próximo, comprovando, então, a sua inépcia iniciática!

Na realidade, o fascinante figurino recortado pelos velhos mestres do hermetismo, ou pelas dinastias iniciáticas, pode vestir muitas vezes o iniciado cujo interior não condiz com as exigências do traje fidalgo, mas nesse caso se trata de uma aparência toda externa, que lembra o velho zulu metido em casaca e polainas, em festiva cerimônia no palácio suntuoso, mas cujos gestos e "gafes" revelam a profunda contradição entre o vestuário do convidado e o seu comportamento na fina sociedade!

E, como agora já não há mais tempo para uma iniciação apressada, para aqueles cuja maturidade interior ainda requer milênios de experimentação, eis o motivo de nossa afirmativa de que, no momento, já não oferece êxito a iniciação a portas fechadas, pois o decisivo acontecimento do "Juízo Final" talvez não conceda ao adepto de última hora o entendimento real da iniciação, que precisaria demonstrar à luz do dia e sob a égide do Evangelho de Jesus! Na simplicidade evangélica da afirmação do Mestre, de que ele é o "Caminho, a Verdade e a Vida", reside o recurso salvacionista e derradeiro para que o cidadão terrícola possa ainda evitar o doloroso exílio no planeta intruso!

Eis o motivo por que o espiritismo alicerçou a sua doutrina científico-filosófica nas bases definitivas do Evangelho de Jesus que, assim, constitui o cimento de garantia e segurança dos seus postulados. O próprio Allan Kardec viveu mais de três milênios peregrinando pelos vários templos e povos do passado, a fim de condensar a velha iniciação e ofertá-la à massa comum, na forma do espiritismo, doutrina acessível a todas as mentalidades, como também o é o ensinamento de Jesus! É um dos recursos com que Deus provê a seus filhos, à última hora, quando já falham todos os esforços mais complexos da "auto-iniciação"!

No estado em que vos encontrais atualmente, urge a iniciação **fora dos templos**, sob a poeira comum dos caminhos trilhados pela massa aflita, sujeita à complexidade das leis humanas, que obrigam as criaturas a esforços sobre-humanos, que as irritam e lhes despertam a revolta adormecida. É louvável a figura do Augusto Mestre, que sonha e vos nutre a alma, em profunda meditação, ingressando na plenitude do "samadhi" situado na fragrância da natureza contemplativa, divino repositório da verdade e da revelação espiritual aos discípulos ávidos de sabedoria. Mas também é admirável a figura do Mestre ignorado, que se angustia no turbilhão das civilizações egocêntricas, ávidas na defesa de seus interesses comuns e em terrível competição fisiomaterial, necessitando manter a sua serenidade espiritual diante de todas as complexidades cotidianas. Inúmeros deles circulam pelas vossas artérias, povoadas de criaturas materializadas, insubmissas, exigentes e intolerantes, mas guardam o sorriso de boa vontade e de compreensão, cujos conselhos são verdadeiros tratados de cristificação humana!

É preciso que tenhais sempre presente em vossas mentes a insigne figura de Jesus, o maior intérprete do Cristo Planetário, pois de sua Sublime Consciência forjou-se o Evangelho como o tratado iniciático mais providencial para a hora cruciante que de vós se aproxima. Ele rompeu as paredes limítrofes dos templos iniciáticos, clareou os símbolos ocultos e ensinou o silêncio da humildade, que também desperta as forças íntimas da alma e acelera a maturidade do espírito, mesmo entre o ruído do mundo profano! Deixando entrever que existem **outras verdades**, que ele não podia revelar no momento e que seriam ditas na hora de vossa maturidade espiritual, lembrou-vos que a iniciação no silêncio da alma é justa e exigível, mas o que é conhecido a **portas fechadas** dos templos iniciáticos há que ser provado evangelicamente a portas **abertas** do santuário do mundo profano!

PERGUNTA: — *Quais serão os recursos positivos que permitirão à humanidade do terceiro milênio realizar um aceleramento tão grande, contrariando a pedagogia costumeira, que tem exigido tantos séculos para modificações diminutas no caráter dos homens?*

RAMATÍS: — A vossa dúvida provém do fato de ser esta a primeira vez que se processa tal acontecimento, embora vos pareça contrariar a rota natural do amadurecimento espiritual.

Baseando-vos nos acontecimentos históricos e evolutivos do espírito humano, podeis estranhar que, em tão diminuto período e apenas devido à passagem de um milênio para outro, a humanidade terrícola efetue progresso tão salutar! ... Uma vez que, partindo da civilização tão almejada e cultuada pelos gregos de Platão, Sócrates ou Pitágoras, sob a disciplina admirável de "alma sã em corpo são", a humanidade terrícola atinge o fim deste século sob terríveis tendências para o desregramento em comum, é óbvio que ela deve ser submetida a um definitivo processo de seleção, que lhe permita efetuar a eclosão dos seus valores sadios e adormecidos. Nunca houve no vosso mundo acontecimento como esse que vai ocorrer, e a civilização nova, do terceiro milênio, também será um padrão ainda desconhecido coletivamente na Terra.

Jesus afirma a ocorrência desse fato inédito no vosso orbe, quando adverte: "Porque será então a aflição tão grande que, desde que há mundo até agora, não houve nem haverá outra semelhante" (Mateus, 24:21). Indubitavelmente, o Mestre faz questão de acentuar que "nunca houve acontecimento semelhante na Terra", porque será uma renovação súbita, completa e insofismável da civilização anticrística atual, para ser transformada na humanidade de Deus, no terceiro milênio.

O recurso positivo, mais importante, para o aceleramento da maturidade espiritual da nova humanidade, reside precipuamente na seleção espiritual do "Juízo Final", quando forem escolhidos os bons, ou direitistas, para se tornarem o germe do povo cristianizado. É óbvio que numa seara onde pululam os frutos pobres, o progresso e a produção sazonada se farão rapidamente, desde que, após a derrubada das árvores frutíferas de má qualidade, sejam escolhidas as sementes sadias e feita a plantação futura apenas com essas mesmas sementes, mas escolhidas! E por isso diz a revelação do Apocalipse:

> E não haverá ali jamais maldição, mas os tronos de Deus e do Cordeiro estarão nela, e os seus servos o servirão!
>
> (Apocalipse, 22:3)

Já começou

EIXO DA TERRA ESTÁ SE DESLOCANDO, DIZ A NASA

O Eixo de rotação da Terra está se deslocando por causa do degelo dos polos. Devido ao aquecimento global, a camada de gelo da Groelândia perdeu cerca de 7,5 bilhões de toneladas, e acaba desestabilizando a rotação do planeta. É o que concluiu o Laboratório de Propulsão a Jato da NASA. O JPL calculou com medições que o eixo terrestre se deslocou durante o século XX na base de 10cm por ano, o que vem a dar 10 metros no total.
https://exame.abril.com.br/ciencia/degelo-dos-polos-causa--instabilidade-na-rotacao-da-terra-aponta-estudo/

POLOS MAGNÉTICOS DA TERRA ESTÃO MUDANDO

O campo magnético da Terra está se comportando de maneira imprevista – e intrigando cientistas. Ele consiste num campo de força magnética que circunda o planeta, entre os dois polos magnéticos, norte e sul, e que não coincidem com os polos geográficos. Tem grande importância para a proteção da Terra de partículas que vem do espaço, como o vento solar. O seu modelo serve de base para a navegação, satélites, telescópios, google maps, etc.

O polo norte magnético costuma mudar constantemente, mas nos últimos dez anos ele tem variado numa velocidade muito maior do que anteriormente. Pode ser que a aceleração nas mudanças do campo signifique que ele está caminhando para uma inversão, após 700 mil anos, dizem os cientistas.
http://noticias.ambientebrasil.com.br/clipping/2019/01/14/

149710-o-campo-magnetico-da-terra-esta-se-comportando-de-maneira-imprevista-e-intrigando-cientistas.html

O GELO MAIS ESPESSO DO ÁRTICO ESTÁ SE PARTINDO

O gelo marinho mais antigo e espesso do Ártico começou a se partir, descobrindo áreas do mar ao norte da Groelândia que normalmente são congeladas. Esse fenômeno, nunca antes registrado, ocorreu duas vezes neste ano (2018). Um meteorologista descreveu a perda de gelo como "assustadora". Outros afirmam que isso forçará os cientistas a revisar as teorias sobre quais partes do Ártico irão resistir ao aquecimento por mais tempo. Quase todo o gelo ao norte da Groelândia está partido e mais móvel. Águas abertas nessa área são incomuns. Ela tem sido chamada de "a última área do gelo", e dizia-se que o último gelo perene do Ártico seria aqui. O aquecimento se acelerou nos últimos 15 anos. O processo de adelgaçamento do gelo está alcançando até a parte mais fria do Ártico, com o gelo mais espesso. Então, é uma indicação bastante dramática da transformação do gelo marinho do Ártico e do clima ártico.

www.theguardian.com/world/2018/aug/21/arctics-strongest-sea-ice-breaks-up-for-first-time-on-record

DEGELO NA ANTÁRTICA TRIPLICA E IMPULSIONA ELEVAÇÃO DO NÍVEL DO MAR

A Antártica perdeu impressionantes 3 trilhões de toneladas de gelo desde 1992, fazendo o nível dos oceanos aumentar em nível global quase 8 milímetros, e esta tendência se acelerou de forma espetacular ao longo dos últimos cinco anos. Até 2012, o continente branco situado no Polo Sul havia perdido 76 bilhões de toneladas de gelo ao ano. Após esta data, a cifra saltou para 219 bilhões de toneladas ao ano. Dito de outra forma, após cinco anos, o gelo derreteu em um ritmo quase três vezes maior do que antes, o que representa uma ameaça para centenas de milhões de pessoas que vivem em áreas costeiras. Coberta mais de 98% por gelo permanente, o continente cercado pelo Oceano Antártico responde por 90% do gelo terrestre e contém a maior reserva de água doce do planeta. Se toda essa massa de gelo derretesse, elevaria o nível do oceano em quase 60 metros.

https://noticias.uol.com.br/ciencia/ultimas-noticias/ afp/2018/06/13/degelo-na-antartica-triplica-e-impulsiona-elevacao-do-nivel-do-mar.htm

O Evangelho à Luz do Cosmo
Ramatís / Hercílio Maes
ISBN 85-7618-066-9
14x21cm – 352 p.

Se na beleza irretocável dos ensinos e parábolas de Jesus nada pode ser acrescido ou alterado, contudo, hoje pode ser feita a leitura mais esotérica deles, e percebido o seu sentido interno e oculto, que durante séculos permaneceu velado à consciência comum da humanidade. É o objetivo da presente obra de Ramatís, que desvenda a dimensão secreta e cósmica das histórias singelas do Mestre Nazareno.

A evolução mental do terrícola, atualmente, já permite desvelar essa realidade mais profunda do Evangelho, que é a de se constituir uma síntese das leis cósmicas, ou a "miniatura do metabolismo do próprio Criador".

Nesta obra de cunho iniciático, mas na linguagem cristalina e acessível característica de Ramatís, o leitor encontrará, além da interpretação mais profunda e esotérica dos preceitos evangélicos, um estudo fascinante dos temas "Deus" e "Evolução", tratados com a profundidade e clareza típicos do velho mestre da Grécia antiga.

Uma das obras mais atraentes de Ramatís, que irá conquistá-lo para o rol de seus milhares de leitores.

O APOCALIPSE
foi confeccionado em impressão digital, em junho de 2024
Conhecimento Editorial Ltda
(19) 3451-5440 — conhecimento@edconhecimento.com.br
Impresso em Luxcream 80g, StoraEnso